Lucette Destouches
mit Véronique Robert

MEIN LEBEN MIT CÉLINE

MEIN LEBEN MIT CÉLINE

Lucette Destouches
mit Véronique Robert

Aus dem Französischen von
Carina von Enzenberg

Mit einem Nachwort von
Franziska Meier

Piper
München Zürich

Die Originalausgabe erschien 2001 unter dem Titel
»Céline secret« bei Éditions Grasset & Fasquelle in Paris.

*An dieser Stelle sprechen
wir Martine Boutang
und François Gibault
unseren Dank und
unsere Anerkennung aus.*

ISBN 3-492-04420-4

Gesetzt aus der Galliard
Satz: EDV-Fotosatz Huber/
Verlagsservice G. Pfeifer, Germering
Druck und Bindung: Clausen & Bosse, Leck
Printed in Germany

www.piper.de

»Die wahren Tänzerinnen, die geborenen, sind gleichsam aus Wellen gemacht! ... nichts als rosiges Fleisch und Pirouetten! ... ihre Arme, ihre Finger... Sie verstehen schon! ... Das ist hilfreich in schrecklichen Stunden ... geht über Worte hinaus! ... Keine Worte mehr! Nur noch Hände! Und Finger ... eine Geste ... eine anmutige Bewegung ... das ist alles ... Die Blüte des Seins ... Ihr Herz schlägt höher, Sie leben auf! ... Taub? Stumm? Angekettet? Dann wird eine Tänzerin Sie retten!«

LOUIS-FERDINAND CÉLINE
aus: *Féerie pour une autre fois*
(*Märchen für irgendwann*), in:
La Pléiade, Tome IV, S. 85.

KAPITEL I

In der Sauna

Die Kindheit · Gabrielle, die Mutter ·
Und schon Tiere.

»Véronique, Schätzchen, komm schnell, ich warte auf dich in der Sauna.«

Lucette beginnt ihren Tag wie üblich mit einem Wechsel zwischen warm und kalt, um den Kreislauf in Schwung zu bringen, und sie begrüßt mich mit ihrer Flötenstimme.

Hier drinnen riecht es nach einem Gemisch aus Eukalyptus und Lavendel. Sie braut mit Vorliebe diesen intensiven Duft zusammen, der uns schon auf dem Weg zur Sauna, lange bevor wir die Schwelle übertreten, wie ein Vorgeschmack auf das entgegenschlägt, was uns erwartet. Dieses etwas zu starke Parfum verbreitet sie stets und ständig im ganzen Haus, ja, sie versetzt damit sogar das Badewasser, das anschließend in die Kanalisation fließt und ringsumher das Erdreich durchduftet. Das ist ihr Markenzeichen, ebenso wie die Körbesammlung, die unzähligen Kerzen und die ausrangierten leeren Parfumflacons. Das Hundegejaule, das Pfeifen von Toto, dem Papageien – auch das ist sie. Auch sie und nur sie, diese eigentümliche, fesselnde Welt, die die Wirklichkeit überlagert, und manchmal ertappt man sich dabei, daß man diese Welt für eine Einbildung hält und befürchtet, sie könne sich vor den eigenen Augen in Luft auflösen.

Ein bißchen so wie sie selbst, die unmerklich altert und deren Leben nur noch an einem seidenen Faden hängt. So schnell ich kann, eile ich die Kellertreppe hinunter und setze mich zu ihr in die Sauna. Ich schließe die Augen, rolle mich wie eine Schnecke zusammen und lasse sie erzählen.

Seit Louis' Tod interessiert mich das Leben nicht mehr. Es ist, als sei ich mit ihm in einem sauberen, klaren Fluß geschwommen und als fände ich mich ohne ihn in einem schmutzigen, verschlammten Tümpel wieder. Fünfundzwanzig Jahre haben wir miteinander verbracht, nur wir beide, ohne andere Menschen. Er hat mich vor allem beschützt, und ich habe ihm alles gegeben.

Als ich mein Leben anhalten wollte wie eine Uhr, die aufzuziehen ich nicht mehr die Kraft habe, stürzte ich in etwas hinein, was mich seither lähmt.

Mir ist klar, daß man sich für mich nur interessiert, weil mein Lebensweg eines Tages den von Céline gekreuzt hat. Leider sind meine Erinnerungen wie Blütenblätter, die, eines nach dem anderen, von einem welken Strauß fallen.

Es war Célines Geschichte, nicht meine, doch bin ich aus meinem früheren Leben als gebrannter Mensch hervorgegangen.

Sollte ich wie im Theater meine Rolle beschreiben, würde ich mich als bloße Statistin, als Dienerin, nicht aber als Darstellerin bezeichnen.

Mittlerweile gehe ich nicht mehr aus dem Haus. Ich bewege mich kaum noch, aber wenn ich im Bett liege, tags wie nachts, rolle ich mein Leben vom Ende her auf. Ein Bild drängt sich mir immer stärker als alle anderen auf, und dann brauche ich nur noch den Film in meinem inneren Kino langsam ablaufen zu lassen.

Ich bin ein Jahr alt und sitze auf der Île Saint-Louis in meinem Kinderwagen. Da kommt eine Frau auf mich zugestürzt, reißt mich aus meinem Wägelchen und sagt zu meiner Mutter: »Wenn man weiß, was ihr im Leben alles bevorsteht, wäre es besser, man würde sie in die Seine werfen.«

Könnte man schon bei der Geburt den vorgezeichneten Lebensweg überblicken, würde bestimmt niemand auf die Welt kommen wollen. Ich jedenfalls würde mein Leben heute nicht noch einmal leben wollen, allenfalls umgekehrt, also alt geboren werden und jung sterben.

Ich habe schon immer an Schwingungen geglaubt, an Vorahnungen, Hexen und Feen, an eine verborgene Existenz, die mir mein Leben lang Zeichen gegeben hat.

Nur zwei Menschen waren wirklich wichtig für mich: meine Mutter und Céline. Und nur zwei Passionen haben mich von Grund auf geprägt: das Ballett und die Tiere.

Meine Mutter habe ich vergöttert. Von allen Menschen auf der Welt habe ich sie am meisten geliebt, und sie hat es mir so schlecht vergolten. Sie bekam mich mit siebzehn. Wie in dem Film *Nana* hatte sie bis zu meinem dritten Lebensjahr Spaß an mir. Ich war für sie so etwas wie eine Puppe. Später legte sie sich Liebhaber zu. Mich sperrte sie ein, wenn sie sich mit ihnen traf, und schließlich steckte sie mich ins Internat. Sie ließ mich ihre abgelegten Kleider tragen, in denen ich lächerlich aussah. Da mein Vater an der Front war, mußte sie einer Arbeit nachgehen und gab mich bei den Klosterschwestern ab.

Sie war leitende Verkäuferin bei Lanvin. Dort konnte sie ihre Vorliebe für Luxus und Liebe befriedigen. Sie hatte Spaß am Sex, sie war eine Genießerin, keine Nymphomanin. Ihre Haut war ausnehmend schön, und sie hatte eine üppige blonde Mähne, die sie sich kurzschneiden ließ, wie es damals Mode war. Die Männer flogen auf sie. Ich mußte sie mit ihrem Vornamen »Gabrielle« anreden. Sie war keine gute Mutter, eher eine Rabenmutter, ein Scheusal ...

Sie trank und spielte, und sie beraubte mich, um ihrer Leidenschaft zu frönen. Ich glaube, sie hätte es gern gesehen, wenn ich Kurtisane geworden wäre, um sie auszuhalten.

Ihr Leben war wie ein Roman. Sie wurde an einem Ende von Dieppe, nämlich an der Landungsbrücke, geboren, um am anderen Ende der Stadt, an der Steilküste, zu sterben. Sie hat sozusagen den Bogen geschlagen. Sie starb, nachdem man ihr die Weisheitszähne gezogen hatte: Eine starke Blutung setzte ein, und sie verblutete mutterseelenallein auf den Felsen. Zum Ende hin trank sie nur noch Champagner und ernährte sich ausschließlich von Austern.

Einen Monat nach ihrem Tod erhielt ich Haute-Couture-Modelle von Patou, die sie bestellt hatte und die ich bezahlen mußte. Sie war eine Frau mit Schulden; ihr Leben lang hat sie Schulden gemacht.

Das ist alles, was ich über meine Mutter sagen kann. Auch meinen Vater habe ich sehr geliebt. Meine Mutter war Flämin, er Normanne. Diese beiden Ursprünge trage ich in mir, doch während ich in Ostende, also in Belgien, nichts empfinde, muß ich in der Normandie beim Duft von Linden weinen. Ich denke dann immer an das Sonnenlicht auf einem Gemälde von Turner. Meine Großmutter besaß im Département L'Orne ein Haus mit einer Linde. Als ich fünf war, ließ sie mich schwören, daß ich sie niemals würde fällen lassen. Als ich den Bauernhof später verkaufte, mußte ich ständig an die Linde denken: Ich hatte sie verraten.

Mein Vater wünschte sich über alles einen Jungen. Als ich geboren wurde, würdigte er mich keines Blickes. Ich lernte ihn erst mit sechs Jahren kennen. Bis dahin war er, wie Céline, als Freiwilliger bei der Armee, bei der Kavallerie, glaube ich.

Er ging 1912 fort und kehrte 1918 zurück.

Er war siebenundzwanzig, meine Mutter sechzehn, als sie sich kennenlernten. Meine Mutter hatte sich meinen Vater in den Kopf gesetzt, wie sich ein verwöhntes Kind ein Spielzeug in den Kopf setzt. Er sah gut aus und trug Uniform. Also heiratete sie ihn. Er zog sofort in den Krieg, und der Krieg tötete ihre Liebe. Als er zurückkehrte, war er nicht mehr derselbe. Es war aus. Er sagte: »Eine Frau nimmt man sich wie ein Steak, und damit basta.« Sie warteten mit der Scheidung, bis ich volljährig war, aber bis dahin stritten sie sich unentwegt, hatten beide Affären und waren trotzdem eifersüchtig.

Ich erinnere mich an einen schrecklichen Vorfall aus der Zeit, als sie noch verliebt waren. Meine Mutter war ein Medium. Eines Nachts wollte sie aus dem Fenster klettern und zu meinem Vater an die Front. Es war der Tag, an dem ihn eine Kugel traf, doch zum Glück durchschlug sie nur seinen Helm.

Seinen letzten Liebesbeweis erbrachte mein Vater meiner Mutter in Dieppe. Sie war im aufgewühlten Meer baden gegangen, schaffte es aber nicht mehr, zum Ufer zu schwimmen, weil die Wellen sie immer wieder zurückwarfen. Sie war eine gute Schwimmerin, mein Vater dagegen konnte nicht sonderlich gut schwimmen. Trotzdem holte er sie raus.

Meine Großeltern väterlicherseits besaßen ein Stück Land in der Nähe von Mortagne, also in der Gegend, wo Jean Gabin nichts als Scherereien hatte, als er sich niederlassen wollte.

Mein Großvater baute Holzboote. Er sprach nie. Ich liebte ihn abgöttisch, aber er hat in seinem ganzen Leben wohl keine zwei Worte zu mir gesagt.

Er war Tischler in Saint-Nazaire und hatte seine Wanderjahre absolviert. Später ließ er sich zwanzig Kilometer von der Maurenstadt Mortagne entfernt in der Perche nieder. Von dort stammt mein Name, Almanzor, der bis zum Jahr 732 zurückgeht, als Karl Martell die Araber aus Poitiers vertrieb. Louis interessierte sich sehr für Ahnenforschung und war der Meinung, daß die arabische Herkunft meines Namens erkläre, warum ich seit jeher ohne ersichtlichen Grund Gefallen an orientalischen und spanischen Tänzen gefunden habe. Ich hatte eine Begabung dafür, ohne mich je damit befaßt zu haben, ein bißchen so, als wäre es in meinen Genen angelegt.

Meine Großmutter väterlicherseits genehmigte sich jeden Tag ein Gläschen Calvados, bevor sie die Kühe melken ging. Eines Morgens stand sie nicht auf; sie trank auch nichts, und im Lauf des Vormittags starb sie.

Erst viel später kehrte ich nach Mortagne zurück. Alles hatte sich verändert. Ich machte eine alte Dame ausfindig, die meine Großmutter gekannt hatte. Sie besaß Ähnlichkeit mit einem Stück Holz.

Als wir von der Île Saint-Louis fortzogen, war ich noch ganz klein, und noch heute verlaufe ich mich, wenn ich nach dem Haus in der Rue Saint-Louis-en-l'Île suche, in dem wir damals wohnten. Ich erinnere mich nur noch an eine riesige Mauer.

Wir zogen in die Rue Monge 12. Es war ein Rückgebäude in einem von Häusern umstandenen Hof. Wenn ich heute daran denke, fällt mir immer das Buch *Die Geheimnisse von Paris* ein, vielleicht weil Eugène Sue früher auch einmal in dieser Straße gewohnt hat. Mir fiel dort die Decke auf den Kopf. Meine Eltern waren nie zu Hause, ich war den ganzen Tag allein und unterhielt mich damit, auf einem Brett die Rue Monge hinunterzurutschen.

Zu meiner Erstkommunion in der Kirche Notre Dame-des-Victoires zog sich meine Mutter ein tiefdekolletiertes Spitzenkleid à la Mae West an. Die Scham, die ich an jenem Tag verspürte, ist heute, achtzig Jahre später, noch genauso glühend wie damals.

Ich ging für mein Leben gern in den »Jardin des Plantes«, um mir die Tiere anzusehen, vor allem einen Elefanten, der die Besucher mit seinem Rüssel naßspritzte. Wenn man daran gewöhnt ist, mit Tieren zusammenzuleben, erträgt man die Menschen nicht mehr. Nur Tiere sind aufrichtig, sie betrügen einen nicht. Mit fünfzehn hatte ich einen Affen, der an Tuberkulose starb und sich wie ein Kind an meine Hand klammerte.

Eines Abends stellte sich meine Großmutter mütterlicherseits tot. Sie versteckte sich, um zu sehen, wie ich reagieren würde. Ich heulte und wäre am liebsten selbst gestorben. Tags darauf starb sie tatsächlich, und zwar im Alter von sechsundfünfzig Jahren, in einem Taxi. Ich war damals neun und hatte ein paar Tage zuvor geträumt, daß meine Mutter in tiefer Trauer war.

Als ich zehn war, zogen wir erneut um, diesmal in die Rue de la Banque 22. Dort wohnte ich – wenn ich nicht im Internat war – bis zu meinem zwanzigsten Lebensjahr. Es war ein ziemlich ödes Viertel, denn es gab nicht einmal einen Laden, und sonntags waren die Straßen wie leergefegt. Mein Vater war kaufmännischer

Direktor einer Stickerei, die ein fünfstöckiges Haus belegte und für große Modehäuser arbeitete, insbesondere für Patou. Leider führte er den Betrieb in die Pleite, und so mußten wir aus dem Geschäftsviertel hinter der Börse wegziehen. Mein Vater war auch ein großer Sportler und liebte Rennräder. Wir kletterten auf Bäume, um die Teilnehmer der Tour de France vorbeisausen zu sehen.

Mein Vater starb mit siebzig. Er hatte nach der Scheidung wieder geheiratet, und zwar eine Haushälterin, die Louis »die Motte« nannte und die immer zwischen meinem Vater und mir stand.

Ich besuchte dieselbe Grundschule, auf die Céline zwanzig Jahre vor mir gegangen war.

Aus heutiger Sicht kommt es mir seltsam vor, daß Louis und ich im Abstand von zwanzig Jahren dieselben Orte aufgesucht hatten, fast so, als wäre ich unsichtbaren Spuren gefolgt.

Mit vierzehn hatte ich meine ersten Rendezvous auf dem Pont Henri IV und ging zum Schokoladetrinken in ein Café namens »Le Rigodon« – der Titel von Célines letztem Buch. Das Café gibt es heute nicht mehr. In Dieppe, der Geburtsstadt meiner Mutter, besaßen Louis' Eltern vier kleine Fischerhäuser.

In der Passage Choiseul kaufte mein Vater Spitze bei Louis' Mutter.

Sonntags gingen wir *en famille* Eisessen ins »Café de la Paix«. Es war das »Jagdrevier« von Louis, der immer auf der Suche nach neuen Abenteuern mit einer Tänzerin der nahe gelegenen Oper war.

Célines Vater zeichnete gern Tänzerinnen, und sein Sohn sollte später eine ähnlich große Leidenschaft fürs Ballett entwickeln.

Im Jahr 1912, meinem Geburtsjahr, verpflichtete sich Louis für drei Jahre beim zwölften Kürassierregiment in Rambouillet. Er erlebte den Krieg, und das brachte sein ganzes Leben durcheinander...

KAPITEL II

Oben im Garten

Der Tanz · Auf immer und ewig.

Das Haus in Meudon ist wie eine von diesen ineinandergeschachtelten russischen Puppen. Der erste Blick fällt auf die Stadt, die sich tief unten, hinter dem Fluß, erstreckt. Sie strebt in die Zukunft, glitzert, kaum daß der Tag zur Neige geht, und saugt alles auf.

Sodann zieht es einen in den Garten auf der anderen Seite, hinein in eine von Bäumen und Vogelgezwitscher belebte Stille. Dies ist die Seite der Vergangenheit.
Im Bauch des Hauses schließlich entdeckt man die Sauna. Sie umschließt einen mit ihrer Hitze wie eine Fruchtblase, nimmt dem Leben die Schärfe und bessert es aus. Dies ist der Ort, an dem alles, jede Art von Zauberei, möglich ist.

Heute nachmittag ist das Wetter schön. Ein leichter Schatten lastet auf Meudon, als wir in den Garten hinaufgehen.
Es ist ein steiler Aufstieg zu den Überresten dessen, was Lucette ihren »chinesischen Pavillon« nennt, in dem sie früher Ballettunterricht gab; 1975 ist er niedergebrannt.
Lange träumte sie davon, eine Seilbahn wie am Montmartre hinaufführen zu lassen. Aber schließlich schlug sie es sich aus dem Kopf.
Auf einer wackligen Plattform bereiten wir ein Lager aus weichen Kissen, und als wir in den Himmel aufblicken, sehen wir nichts als die riesige, von Vögeln bevölkerte Zeder.
Heute verbringen wir den ganzen Tag in den Bäumen.

Am meisten bedaure ich, daß ich nicht studiert habe. Auch ist nie jemand mit mir ins Museum gegangen. Was ich weiß, habe ich mir selbst beigebracht. Ich liebe Buchillustrationen. Die Naivität und Reinheit eines Fra Angelico rührt mich mehr, als es der für meinen Geschmack zu erhabene Stil eines eher der Renaissance zugehörigen Botticelli vermag. Auch die höfische Liebe hat es mir angetan: Louise Labé, die gesamte Literatur des Mittelalters, Ronsard, Du Bellay... Vor Louis hielt ich das allerdings geheim aus Angst, mich lächerlich zu machen.

Genauso bewegen mich die metallischen, allzu gekünstelten Stimmen von Opernsängern nicht in dem Maße wie gregorianische oder polyphone Gesänge.

Die meisten Menschen sind hohl, sie bestehen nur aus Fassade, in ihrem Innern herrscht Leere. In der Bretagne gab es einen völlig verwüsteten Friedhof, von dem nur der Kreuzweg erhalten war. Es war wundervoll. Und im Louvre war es ein Christus am Kreuz, der mich am meisten erschütterte. Das Entscheidende sind die Gefühle.

Ich habe zwar nicht studiert, aber dafür habe ich die stärkste Leidenschaft erfahren, die auf dieser Welt denkbar ist.

Der Tanz hat mich bei allen Prüfungen, die ich zu bestehen hatte, am Leben erhalten: meine trostlose Kindheit, das schwierige Zusammenleben mit Louis, Flucht, Gefängnis, Dänemark, Meudon, wo Louis schon nicht mehr von dieser Welt war, und danach natürlich das ganze Leben, das ohne ihn weitergehen mußte.

Ich lernte Céline 1936 kennen, zur Zeit der Volksfront, und wir lebten in ständiger Todesangst. Erst drohten die Kommunisten, ihn umzubringen, später dann waren es die Juden. Wir erlebten die Massenflucht, das Gefängnis, Dänemark. Es wurde immer schlimmer, und in Meudon schließlich war er ständig todkrank. Wir hatten kein Leben wie alle anderen, wir wurden gejagt wie Ratten. Ohne meinen Tanz wäre ich längst tot.

Mit vierzehn beschloß ich, mich am Konservatorium zu bewerben. Obwohl ich keine Variation einstudiert hatte, wurde ich angenommen, und zwar am Ballettkonservatorium und an der Schauspielschule. Ich brachte Menschen zwar gern zum Lachen, aber ich entschied mich fürs Tanzen. Wenn man sich dem Ballett verschreibt, dann ist das, als ginge man ins Kloster. Man verzichtet für seine Leidenschaft auf alles. Gibt zwanzig Jahre seines Lebens her. Und wenn es vorbei ist, bleibt einem nichts. Für den, der sich für die Musik entscheidet, ist es einfacher, denn ein Instrument kann man sein Leben lang spielen. Unser Instrument jedoch ist der Körper, und der altert. Man muß das Ballett um seiner selbst willen lieben, nicht wegen des Erfolges. Es ist ein einsames Vergnügen, ein persönliches, sehr egozentrisches Glückserlebnis. Leider war ich zu geschmeidig, zu weich und machte mir sehr schnell mein Knie kaputt. Ich mußte das klassische Ballett aufgeben.

Bevor ich mich dem Charaktertanz widmete, versuchte ich mich kurz als Schauspielerin. Im »L'Odéon« mimte ich in Shakespeares *Der Sturm* einen Irrwisch. Man hatte mich wie eine Puppe geschminkt, die Wimperntusche war verlaufen, und durch die völlig verklebten Augen konnte ich nicht mehr klar sehen. Ich sollte einen Tisch mitten auf die Bühne stellen, aber ich stellte ihn irgendwohin, und ich sollte von der Bühne verschwinden, sobald das Licht wieder anging. Natürlich blieb ich wie eine dumme Gans stehen. Ich weiß auch nicht, warum, aber man hat mich behalten.

Ein andermal hatte ich Isadora Duncan zu spielen. Ich trug einen großen Schleier und sollte auf einem Ponton tanzen, der ins Meer ragte. Daß ich nicht herunterfiel, ist ein Wunder.

KAPITEL III

Tanzstunde.
Die Methode.

Ein Rechteck aus klarem Glas, das die Welt einläßt.
Ganz oben die Luft, der Himmel und die Wolken, die langsam dahinziehen.
Ringsumher das zarte Grün einer Pflanzenwelt, die der Wind zaust. Dort, oberhalb des Hauses, steht leicht und zerbrechlich das Tanzstudio.

Mit ihren fünfundachtzig Jahren arbeitet Lucette noch immer an luftigen Bewegungen, die den Körper schweben lassen.
Sie hat sich ihre Geschmeidigkeit und Technik bewahrt, der Lauf der Zeit hat ihnen nichts anhaben können.
Zweimal die Woche begleiten ein paar von uns Frauen Lucette zu den Klängen einer Musik, die uns an die Strände der Normandie versetzt, wo das wütende Meer grollt, die Möwen kreischen und der Wind heult.
Schweigend und bewußt atmend, vollführen wir die heidnischen Riten einer Messe, bei der jede von uns aus dem tiefsten Innern schöpft.

An der Komischen Oper arbeitete ich von Anfang an daran, eine Bewegungsmethode zu entwickeln, die den Körper, im Unterschied zum klassischen Ballett, nicht verschleißt. Schon damals war dieser Drang stärker als ich: Ich wollte jeden, der mir unter die Augen kam, gestalten, neu modellieren, ihm dazu verhelfen, sich in seinem Körper wohl und mit ihm eins zu fühlen.

Meine Bewegungsabläufe zeichnete ich in ein großes Heft, das jedoch verbrannte, als mein Haus 1968 zum erstenmal in Flammen aufging. Sieben Jahre später, im Jahr 1975, war dann der Ballettpavillon oben im Garten an der Reihe.

Die Übungen müssen von innen heraus durchgeführt werden, nicht von außen; die Kraft muß in der Bauchgegend gebündelt, die Gesäßmuskeln müssen angespannt werden, und das alles geschmeidig und mit bewußter Atmung. Liegend mit Armen und Beinen Achten beschreiben, erst in die eine, dann in die andere Richtung, den Atem während der Anstrengung halten, danach ausatmen. Der Rücken ist dabei gegen den Boden gedrückt, wie bei einer Krake. Die Übungen werden in einer ganz bestimmten Reihenfolge ausgeführt, wobei sich der Schwierigkeitsgrad langsam steigert.

Die erste Bewegung, wie die einer Raupe, ist die wichtigste. Man hebt den Rücken an und läßt ihn ganz langsam zurück auf den Boden sinken, Wirbel für Wirbel. Gleichzeitig atmet man aus. Hat man das Grundprinzip dieser katzenähnlichen Streckbewegung verinnerlicht, kann man alles machen, natürlich mehr oder weniger schnell und je nach Veranlagung.

Um die Bewegungsabläufe zu optimieren, studierte ich den menschlichen Körper anhand eines Anatomieschaubilds, auf dem sämtliche Muskeln eingezeichnet waren. Louis erklärte mir anschließend, wozu sie dienen.

Aus diesem Grund also verbrachte ich mein Leben mit Menschen, die wie Kletten an mir hingen. Ich richtete sie auf, brachte ihnen die korrekte Atmung und ein neues Körperbewußtsein bei. Das war sehr anstrengend. Es war wie mit Hunden: je hilfloser, unansehnlicher und verwahrloster die Kreaturen waren, desto stärker war mein Drang, ihnen zu helfen. Ich ersann gern Ballettstücke zur Musik von Couperin oder Rameau, die ich mir aus der großen Musikbibliothek holte. Ich erfand indische und orientalische Tänze zu klassischen Musikstücken, die vorher entsprechend bearbeitet wurden. Ich brachte für mein Leben gern Dinge zusammen, die nichts miteinander zu tun hatten, und so habe ich es auch mit Menschen und Tieren gemacht, die ich zu einem kunterbunten, großen Durcheinander zusammenwürfelte.

Leider konnten meine Choreographien nur von ausgebildeten Tänzern aufgeführt werden, die die Technik perfekt beherrschten. Am Montmartre konnte ich sie noch nach meinen Vorstellungen tanzen lassen, aber später mußte ich darauf verzichten, weil Meudon zu weit entfernt war und es dort keine professionellen Tänzer gab.

Louis hatte sich gerade vorgenommen, ein Buch übers Ballett zu schreiben, als er starb. Er hatte meine Methode in seinen eigenen Worten erläutern wollen.

Da war noch etwas, wofür ich mich begeisterte: Kastagnetten. Ich setzte sie wie ein richtiges Harmonieinstrument zur Musik von Couperin ein, was viele schokkierte. Die Kastagnetten schmiegten sich perfekt in meine Hand, und ich übte täglich wie Klavierspielen, und zwar mit beiden Händen, die einander antworteten. Das hatte ich mir ganz allein durch eine bestimmte Methode beigebracht. Meine Kastagnetten waren ein Teil von mir, sie gehörten zu meinem Körper. Sie verglühten beim Hausbrand im Jahr 1968, und danach rührte ich nie wieder welche an.

Heutzutage gefällt mir Pina Bausch, sie ist wie eine Alge im Wasser. Sie und Isadora Duncan – das sind zwei Charakterfrauen, aber Schule werden sie nicht machen. In ihren Anhängern brennt nicht dasselbe Feuer, und was sie geschaffen haben, stirbt mit ihnen.

Nurejew war der größte Tänzer der Welt, er war eine außergewöhnliche Maschine, aber eine mit Seele. Man muß ihn tanzen gesehen haben, um das zu begreifen. Er war eine Raubkatze, ein wildes Tier. Er brach mit dem übermächtigen Klassizismus und den Konventionen. Es war umwerfend.

KAPITEL IV

Im »Tout-Paris« dem Himmel nah.
Céline: Die Begegnung.

Ganz oben im Kaufhaus »La Samaritaine« gibt es einen verwunschenen Ort. Lucette und ich suchten ihn oft zum Teetrinken auf. Wie zwei Wolken schwebten wir hoch oben am Himmel und brachten Stunden damit zu, schweigend den schillernden Widerschein des Wassers unter den Brücken, die grauen Dächer von Paris und den schieferfarbenen Himmel zu betrachten.

Als ich Louis begegnete, war ich in einer Phase, in der ich sterben wollte, weil ich das Leben so trostlos fand. Ich hatte keine Freunde, redete kaum, war ganz mit mir selbst und dem Ballett beschäftigt.

Damals nahm ich Unterricht bei Mme. Blanche d'Allessandri in der Rue Henri-Monnier. Dort lernte ich auch Louis kennen, den Gen Paul mitgebracht hatte.

Mme. d'Allessandri war eine unerbittlich strenge und fordernde Lehrerin. Schon als junge Tänzerin ein Star, mußte sie ihre Karriere begraben, nachdem sie in einem Theater in Buenos Aires gestürzt war und sich das Knie gebrochen hatte. Mit einem Taktstock in der Hand korrigierte sie uns, wenn wir bei unseren Bewegungen auch nur den geringsten Fehler machten. Eiserne Disziplin war für sie der einzige Weg, mit ihrem Schmerz fertig zu werden und weiterzumachen.

Ich erinnere mich noch, daß sie eine schrullige Eigenart hatte: Wenn eines ihrer Haustiere starb, ließ sie es ausstopfen und stellte es zur Zierde an die Stelle, wo es sich früher aufzuhalten pflegte. Da ich nicht genügend Geld hatte, um meine Tanzstunden regelmäßig zu bezahlen, ließ Louis jedesmal, wenn er ging, diskret einen Geldschein für mich da. Meine Mutter stahl mir meine ersten Gagen und verspielte sie. Und später, als ich mich schon mit Louis traf, klaute sie mir das Geld, das er mir gab, damit ich mit dem Taxi zu ihm in die Rue Lepic fahren konnte.

Bei unserer ersten Begegnung war ich dreiundzwanzig, er einundvierzig. Er verabredete sich mit mir im Jardin de Luxembourg. Er sagte kein Wort, als wollte er mich auf die Probe stellen.

Wir setzten uns an einen Tisch, um zu Mittag zu essen. Er bestellte zwei Steaks, schlang seines in nur fünf Minuten hinunter und sagte: »Gehen wir.« Ich hatte meinen Teller nicht angerührt.

Wenn wir ins Kino gingen, war es dasselbe: Er sah sich die ersten Bilder des Films an und zog mich dann hinter sich her nach draußen. In Büchern blätterte er nur flüchtig. Er schlug sie auf der ersten Seite auf, dann irgendwo in der Mitte und schließlich auf den letzten zwei, drei Seiten. Er las ein paar Zeilen vor, klappte das Buch zu und sagte zu mir: »Jetzt weißt du Bescheid.« Er war der *Homme pressé* von Paul Morand: der Mann, der es eilig hat.

Doch er hatte auch etwas vom großen Gatsby: Er war nonchalant, tadellos gekleidet, selbstsicher, und er sah mit seinen blauen Augen, in deren Mitte sich nur ein kleiner schwarzer Kreis befand, unglaublich gut aus. Obwohl wir sehr unterschiedlich waren, verstanden wir uns auf Anhieb. Die Zuneigung zu einem Menschen kann man nicht erzwingen, sie packt einen, ohne daß man weiß, warum. Ich traute mich nicht, mit ihm zu sprechen, weigerte mich, ihn zu duzen, und schrieb ihm Briefe. Für mich kam es nicht in Frage, mich auf ein Abenteuer mit ihm einzulassen.

In der Anfangszeit herrschte zwischen uns eine sehr starke körperliche Anziehung, später wurden wir Verbündete. Ich wartete einen Monat, bevor ich mit ihm ins Bett ging. Ich hatte Angst davor, mich zu binden und zu leiden. Louis stand im Ruf, ein Verführer zu sein, und deshalb war ich mißtrauisch. Das war keine bewußte Entscheidung, aber etwas Besseres hätte ich nicht tun können. Er verachtete nämlich die leichten Mädchen, mit denen er sich sonst abgab.

Ich liebte und heiratete ihn, obwohl er fast zwanzig Jahre älter war als ich. Allerdings hatte ich nicht bedacht, daß ich womöglich mehr als die Hälfte meines Lebens ohne ihn verbringen würde.

Vor Céline hatten zwei Männer in meinem Leben eine Rolle gespielt. Beide waren Sänger, der erste ein Tenor, der zweite ein Baß. Ich lernte sie fast gleichzeitig an der Komischen Oper kennen. Der eine war fünfunddreißig, Italo-Amerikaner, und er sang mir Melodien aus New Orleans vor. Erst als er zurück in die USA reiste, um sich scheiden zu lassen und unsere Hochzeit vorzubereiten, erfuhr ich, daß er verheiratet war. Ich wollte ihn nie wiedersehen. Und dann fing meine Mutter auch noch eine Affäre mit ihm an. Der andere, der mir den Hof machte, war sehr reich. Sein Vater, ein Neurologe, arbeitete bei Charcot. Die Familie war einverstanden, aber ich wollte nicht. Er wurde 1940 von den Deutschen getötet.

Für mich gibt es auf dieser Welt nichts Sinnlicheres als den Gesang. Die Stimme kommt zwar aus dem Bauch, doch in ihr drückt sich der Geist aus. Jemanden singen zu hören hat bei mir schon immer starke Gefühle ausgelöst. Beim Singen sind Körper und Seele eins.

Von 1935 bis 1940 war ich ständig auf Reisen, weil ich im Ausland Engagements als Tänzerin hatte. Die räumliche Entfernung rückte offenbar so manches zurecht. Louis schickte mir Briefe, in denen er schrieb: »Mit dir möchte ich mein Leben beschließen. Ich habe dich auserwählt, nach meinem Tod meine Seele aufzufangen.« Ich begriff überhaupt nichts. Ich suchte mit ihm nicht das Glück; mir lag lediglich daran, ihn weniger unglücklich zu machen. Er brauchte meine Jugend und Fröhlichkeit, ich den Kopf eines Mannes, der gelebt hat. So fügten wir uns ineinander wie zwei Teile eines Puzzles.

Er war ein verzweifelter Mensch und von einem abgrundtiefen Pessimismus, doch gleichzeitig ging eine unglaubliche Kraft von ihm aus. Seine Traurigkeit war von einer solchen Intensität, daß alle vor ihm Reißaus nahmen. Ich aber blieb, denn ich war nicht wirklich von dieser Welt. Ich hatte mich mit Leib und Seele dem Tanz verschrieben.

Als wir uns kennenlernten, fiel Louis nicht nur sofort meine Abgeklärtheit, sondern auch meine Naivität auf. Diesen Gegensatz, diese Mischung aus Traurigkeit und Arglosigkeit, mochte er an mir. Ich fiel ihm nie zur Last, und das war, ohne daß ich es ahnte, meine Stärke, denn er wollte sich nicht an die Kette legen lassen, wollte jederzeit ausbrechen können. Genau an diesem Gefühl des Eingesperrtseins, das ihn im Schoß des Großbürgertums von Rennes befallen hatte, war seine Ehe mit Edith Follet zerbrochen.

Außerdem war er ein sentimentaler Mensch, ein Fetischist, der alles aufbewahrte, sogar eine zerbeulte alte Kasserolle seiner Mutter. Ich brauchte fünfundzwanzig Jahre, um ihn kennenzulernen. Ihn zu verstehen ist leichter, als ihn zu erklären, denn meist sagte er das Gegenteil von dem, was er dachte. Zärtliche Anwandlungen gestattete er sich nicht, vielmehr gab er sich aggressiv, und sogar mir gegenüber benahm er sich zuweilen schrecklich. In Meudon war er während der letzten zehn Jahre oft todkrank. Er ertrug es nicht, wenn ich weg war, wollte nicht, daß ich so viel arbeitete, bestand darauf, daß ich genügend aß, brüllte ständig herum. Niemand konnte das begreifen, aber er liebte mich nun mal zu sehr.

Mein Leben mit ihm war, als hätte man in meinem Herzen etwas Gläsernes zerbrochen. Er war wie eine

Blume, deren Stengel ich immer aufrecht halten sollte. Ich stützte ihn nach Kräften.

Louis' Mutter hatte den gleichen Charakter wie ihr Sohn, wenn auch weniger Verstand. Sie war Louis in schlicht. Immer ängstlich und pessimistisch, verkörperte sie das Elend, das man mit Haltung erträgt. Sie war Stickerin, doch sie selbst leistete sich keine Spitzen. Die seien begüterten Frauen von Welt vorbehalten, ganz ohne Frage. Eine Juweliersgattin trage ja auch keinen Schmuck, so sei das nun mal und damit basta. Man schulde der Kundin Respekt, denn schließlich verdanke man ihr sein Auskommen. Sie mußte erst im Exil sterben, am 6. März 1945, und zu einem Phantom werden, damit Louis, der einen Hang zur Mystik besaß, seine Mutter akzeptierte. Er widersetzte sich ihr niemals öffentlich, sondern begnügte sich damit, *Tod auf Kredit* zu schreiben. Um sie zu schonen, hatte er ihr untersagt, das Werk zu lesen, und sie hatte sich daran gehalten. Er durfte vor allem eines nicht zulassen, nämlich daß sie womöglich dachte: »Wenn mein Sohn an der Front fällt, sei's drum, dann ist er eben für Frankreich gestorben.« Es wollte ihm nicht in den Kopf, daß sie dies, wie so viele andere Dinge, schicksalsergeben hinnehmen könnte. Der Tod eines jungen Mannes sollte für ihn immer die größte Ungerechtigkeit darstellen, ja, unannehmbar sein, und seine Berufung zum Arzt besiegeln.

Louis' Vater habe ich nicht kennengelernt. Er starb, kurz bevor Louis und ich uns begegneten, und zwar im Jahr 1932. Sein Leben war in geordneten Bahnen verlaufen. Er arbeitete für eine Versicherungsgesellschaft namens »Le Phénix«. Aber er war ein unzufriedener

Mensch, der, wie viele seiner Zeitgenossen, die Juden und Freimaurer für all sein Mißgeschick verantwortlich machte. Louis hatte seinen Vater – einer Geräuschkulisse gleich – in der Kindheit nur schlecht über sie reden hören.

Das wichtigste an der Liebe war für Louis nicht etwa der Geschlechtsakt, den er als biologischen Zusammenstoß betrachtete, nichts weiter. Was zählte, waren die Gedanken, die man daraus mitnahm. In der Regel schlief er nie öfter als einmal mit derselben Frau. In seiner Jugend war sein sexueller Appetit unersättlich, und er hatte an nichts anderes gedacht als daran, ihn zu stillen. Später wurde er wählerischer. Er suchte nach Vollkommenheit, die er jedoch nicht fand. Nur eine Tänzerin konnte ihr annähernd genügen.

Eines Tages, als ich unerwartet früh von einer Tournee in die Rue Lepic zurückkam, mußte ich feststellen, daß sich in unserer Wohnung ein Mädchen eingenistet hatte. Ich schloß die Tür sogleich wieder und machte auf dem Absatz kehrt, aber ich hatte noch nicht das Erdgeschoß erreicht, da polterten die Koffer schon die Treppe hinunter und hinter ihnen kam die junge Frau. Ich ging, wie man sich das Leben nimmt – wortlos.

Mit Louis unterhielt man sich nicht, das war so, und damit basta. Über Literatur wurde nicht gesprochen, über Musik auch nicht. Man lebte damit, und darauf kam es an.

Als er sich im Zweiten Weltkrieg freiwillig auf dem Schiff »Shella« meldete, wohnte ich bei seiner Mutter, und auch dort war ich drauf und dran, ohne ein Wort zu gehen, weil ich spürte, daß ich störte, da kehrte er wie durch ein Wunder heim, als hätte er es geahnt.

KAPITEL V

Drei Tage in Dieppe.
Das Leben beginnt · Rue Lepic,
Rue Marsollier, Saint-Germain-en-Laye,
Die Ambulanz, Rue Girardon.

Heute fahren wir für drei Tage nach Dieppe. Dieppe ist die Kapitale des Windes, des Meeres und der Möwen. Dort erwartet uns auch Jonathan, Lucettes Lieblingsmöwe. Gleich nach unserer Ankunft kommt er auf den Balkon geflogen und verlangt Brot, und wenn wir ihn nicht beachten, wird er wütend und veranstaltet, wild mit den Flügeln schlagend und empörte Schreie ausstoßend, ein lautstarkes Konzert. Lucette gehören in dem ehemaligen Hotel, in dem schon Königin Viktoria abgestiegen ist und in dem Proust samt Mutter zu den Stammgästen zählte, drei miteinander verbundene große Zimmer. An den Wänden hängen Schiffsgemälde, naive Votivbilder, bei deren Anblick sich das Herz verkrampft.

Im »Saunazimmer«, Badezimmer und »Küchenzimmer« sieht man nichts als das riesige Meer, das sich ins Unendliche dehnt. Es bestimmt unser ganzes Leben, ob wir, auf Kissen gestützt, auf dem Bett liegen, schlafen, essen, uns waschen, reden oder schweigen. Es durchdringt alles, erfüllt uns mit seinem grünen flüssigen Geruch, mit seiner grauen, aus Himmel, Kieselsteinen und Möwen bestehenden Schönheit. Schon bald sind wir nur noch ein Stück wunder Haut, das sich mit seiner Farbe tränkt.

In der Rue Lepic wohnte ich nur kurze Zeit. Louis hatte im Haus Nummer 98 ein Zimmer, in dem er sich gelegentlich aufhielt. Es war nur ein großer Raum, der zum Hof mit den ehemaligen Stallungen ging. An die Wände hatte er Zitate aus literarischen Werken geklebt, die er liebte, vor allem von Shakespeare, den er verehrte und über den er sagte, er würde alles, was er selbst bisher geschrieben hatte, dafür hergeben, wenn er nur einen einzigen seiner Verse verfassen könnte. Über seinem Schreibtisch hing, gleich einem Manifest, eine Erklärung Baudelaires, die er den Journalisten zeigte, wenn er nicht auf ihre Fragen antworten wollte:

»Diese Welt hat derart an Vulgarität zugenommen, daß die Verachtung des geistigen Menschen die Gewalt einer Leidenschaft gewinnt ... Aber ich beging die Unvorsichtigkeit, heute morgen einige öffentliche Blätter zu lesen; plötzlich überfiel mich eine Trägheit, die mit zwanzig Atmosphären auf mir lastete, und ich stocke angesichts der gräßlichen Aussichtslosigkeit, irgendwem irgendwas zu erklären.«

Von der Rue Lepic zogen wir für einen Monat in ein kleines Haus in Saint-Germain-en-Laye. Dort versuchte Louis, eine Arztpraxis zu eröffnen, aber das erwies sich als wahre Katastrophe. Ich warf Visitenkarten in sämtliche Briefkästen von Saint-Germain, während seine Mutter sie den Leuten gleich in die Hand drückte und sagte: »Das tue ich für meinen Sohn, er ist Arzt.« In einem ganzen Monat kam ein einziger Patient zu uns. Wir hatten das Haus leer gemietet, und ich hatte an die Fenster Vorhänge genagelt, die man weder auf- noch zuziehen konnte. Ein einziger Patient – das war fatal, und Louis' Lust, sich als Arzt zu betätigen, verflog rasch.

Bereits in Le Havre hatte er die Vertretung eines Kollegen übernommen und den Mann um all seine Patienten gebracht. Er konnte keinen Erfolg haben, denn er verschrieb nur die allernotwendigsten Medikamente und beschränkte sich zumeist auf gutgemeinte oder die Hygiene betreffende Ratschläge. Ihm lag nichts daran, die Sache ernsthaft zu betreiben. Außerdem hatte er sämtliche Möbel des Kollegen aus dem Haus entfernen lassen, damit ich Platz zum Tanzen hatte.

Le Havre war wirklich eine Erfahrung der besonderen Art. Als der Kollege zurückkehrte, gab es nichts mehr: keine Möbel, keine Patienten.

Anschließend ging Louis an Bord der »Shella«, um gegen die Deutschen zu kämpfen. Ich wohnte in der Zeit bei seiner Mutter in der Rue Marsollier 11. Nachdem sein Schiff untergegangen war, kehrte er Anfang Januar 1940 zurück und wurde kurz darauf zum Chef der Ambulanz von Sartrouville ernannt.

Am 10. Juni machten wir uns in einem Krankenwagen von Sartrouville aus auf den Weg und trafen am 14. Juli in Saint-Jean-d'Angély ein. Louis versorgte unterwegs die Verletzten, und ich ging ihm, wie eine Krankenschwester gekleidet, so gut wie möglich zur Hand. Obwohl ich nicht Auto fahren konnte, mußte ich mehrmals das Steuer übernehmen. Was wir damals erlebten, gehört zum Schlimmsten, aber im Eifer des Gefechts hält man alles aus.

Eines Tages kam ein Verwundeter zu uns. In seiner Brust steckte ein Messer, und das Blut lief nur so aus ihm heraus. Ich wurde ohnmächtig. Ein andermal wurde ein halbtoter Mann gebracht, als ich gerade mit dem Pförtner am Sprechfenster diskutierte. Sobald ich den Sterbenden bemerkte, klappte ich zusammen und sank zu Boden.

In dieser Zeit der Massenflucht begegneten wir auch vielen verstümmelten Kindern. An eines von ihnen erinnere ich mich besonders gut. Ich nannte es »kleiner Fisch«, es hatte keine Beine und klammerte sich an mich.

In nur einem Monat hatten wir alles gesehen, alles erlebt.

In Issoudun warfen französische Soldaten ihre Waffen in die Schützengräben und ergaben sich. Die Mutlosigkeit war entsetzlich.

Heute bedaure ich es, daß Louis diese Augenblicke unseres Lebens nicht schriftlich festgehalten hat, denn sie waren wie ein monumentales Gemälde von Brueghel oder Hieronymus Bosch. Unmöglich, sie zu vergessen.

Nach unserer Rückkehr besorgte uns Gen Paul eine Wohnung in der Rue Girardon 4, wo wir ab Februar 1941 wohnten, ohne uns jedoch wirklich einzurichten. Im großen Zimmer befanden sich unsere Sachen, und im kleinen, von dem aus man Sacré-Cœur sehen konnte, schliefen wir. In dieser Wohnung tauchte eines Tages Anfang der vierziger Jahre, also während der deutschen Besatzung, Jean-Paul Sartre auf, um Louis zu bitten, sich bei den Deutschen für ihn einzusetzen, damit in Paris sein Stück *Die Fliegen* aufgeführt werden konnte. Louis weigerte sich und sagte zu ihm, er habe auf die Deutschen keinerlei Einfluß. Das stimmte, aber Sartre glaubte ihm offenbar nicht. Er nahm es ihm übel und beschuldigte ihn später, im Sold der Deutschen Pamphlete verfaßt zu haben.

Nichts absurder als das. Da kannte er Louis schlecht, denn der stand in niemandes Sold, war kompromißlos, unfähig, mit wem auch immer gemeinsame Sache zu machen, und kämpfte stets allein gegen den Rest der Welt. Célines Antwort in *Sturm im Wasserglas* fiel so schneidend aus, daß sie Sartre jegliche Lust auf eine Erwiderung nahm.

Donnerstags kam uns Louis' Mutter besuchen. Als Folge einer Rachitis war bei ihr ein Bein verkürzt, so daß sie hinkte. Céline arbeitete, sie verbrachte den ganzen Nachmittag mit mir, und anschließend begleitete ich sie zur Metrostation »Abbesses«. »Bonjour maman, au revoir maman« – auf diese beiden Sätze beschränkte sich die Unterhaltung zwischen Mutter und Sohn. Der sonst so offene, direkte Louis brachte es nie über sich, ihr ins Gesicht zu sehen. Er wich ihrem Blick aus, aber sie war und blieb nun mal seine Mutter, und er achtete sie.

Als wir im Juni 1944 aus der Wohnung auszogen, ließ Céline die Manuskripte von drei unvollendeten Romanen darin zurück (darunter das Ende von *Kasperles Band*), die nie wiedergefunden wurden. Er besaß die Fähigkeit, Menschen auf den ersten Blick zu durchschauen, und deshalb trafen wir uns kaum mit anderen Leuten.

Schon seit seiner Kindheit mochte er Operetten. *Fifi* brachte ihn zum Träumen. Darüber staunte ich zwar, sagte aber nichts. Louis war der Auffassung, daß man über das, was man empfindet, nicht reden sollte. Er fand es vulgär und ungehobelt, über seine Gefühle zu sprechen. Ich selbst mochte zwar exhibitionistisch veranlagt sein, was meinen Körper betrifft, aber in bezug auf meine Gefühle war ich es nie.

Ich gab professionellen Tänzern Unterricht und vervollkommnete meine Methode.

Louis wollte, daß ich sie patentieren ließ, aber dazu war ich zu schüchtern. Später eigneten die Russen sie sich an, und auch an der Oper ließ man sich nachhaltig von ihr inspirieren. Noch heute wird nach meiner Methode unter dem Namen »Barre à Terre« gelehrt.

Gleichzeitig nahm ich selbst Unterricht in akrobatischem Tanz bei einem Professor namens Saunier. Das war eine sehr harte Schule. Als Seiltänzer darf man sich keinen Patzer erlauben: Ist eine Bewegung nicht perfekt, stürzt man. Das Gleichgewicht zu halten ist die größte Präzisionsarbeit überhaupt.

Leider konnte ich, wie im klassischen Tanz, wegen meiner zu großen Geschmeidigkeit nicht weitermachen.

Besagter Saunier hatte zwei vollkommen verschrobene Töchter, siebzig beziehungsweise fünfundsiebzig Jahre alt, die eine Witwe, die andere Jungfer, die ab und zu in das alptraumartige Ambiente ihres Hauses in Saint-Germain-en-Laye einluden. In ihren Wohnräumen wimmelte es von Photos ihres Vaters sowie von ausgestopften Katzen; die Mahlzeiten servierten sie in winzigen Aschenbechern, und irgendwann zogen sie sich in die Küche zurück, angeblich, um einen Freund zu begrüßen, kehrten kurz darauf in Verkleidung wieder und ließen sich mit dem Namen des Neuankömmlings ansprechen, bevor sie Masken an ihre Gäste verteilten, damit diese an dem ebenso närrischen wie morbiden Rollenspiel teilnehmen konnten.

Sie waren die reinsten Romanfiguren, und hätte Louis sie gekannt, er hätte sie sicherlich verarbeitet.

Die Zeit, in der wir am Montmartre wohnten, war eine ganz besondere. Was ich dort erlebte, bleibt für immer ein wohlgehütetes Geheimnis. Louis hielt sich Mätressen, über die er mit mir sprach. Es erregte ihn, mir von ihnen zu erzählen. Er brauchte diese sexuellen Phantasien und Visionen, um kreativ zu sein. Erst wenn es in seinem Kopf richtig hoch herging, fing er an zu schreiben. Dann war er wie in Trance, und durch das Schreiben fand er nach und nach seine Ruhe wieder.

Ich habe mich immer geweigert, Sexorgien für ihn zu veranstalten. Zwar hörte ich mir seine Vertraulichkeiten an, doch meinen Körper hielt ich aus allem heraus. Er hatte schon immer Frauen mit einer gewissen lesbischen Neigung gemocht, die sich zur Schau stellten und die er betrachten konnte, um seine Phantasie anzuregen. Ich beteiligte mich zwar nicht an diesen Spielchen, aber Louis reichte schon allein die Vorstellung, daß ich es täte.

In einem Brief vom 28. Februar 1948 an Milton Hindus, einen amerikanischen Hochschullehrer, mit dem er eine Zeitlang korrespondierte, erklärte er ohne Umschweife: »Ich mochte schon immer schöne lesbische Frauen – sie sollen gefällig anzusehen sein und mich mit ihren sexuellen Reizen nicht ermüden! Sollen sie es sich doch gutgehen lassen, es sich gegenseitig besorgen und sich verschlingen – ich bin ein Voyeur, und das macht mich heiß. Und wie! Von jeher! Ein Voyeur, genau, und auch ein bißchen ein begeisterter Genießer, wenn auch ein sehr diskreter ...!«

Wenn sich die Sexualität regt, ist es mir einerlei, ob sie sich auf eine Frau oder einen Mann richtet. Anscheinend habe auch ich etwas an mir, was die Frauen anzieht, denn ich habe oft Anträge von Geschlechtsgenossinnen erhalten.

Als Louis mich heiraten wollte, hatte ich zuerst große Angst. Am fraglichen Tag, dem 23. Februar 1943, waren dann lediglich unsere Trauzeugen, Gen Paul und seine Frau Gaby, mit uns beim Standesamt.

Nach der Trauung machte sich Céline sofort wieder an die Arbeit. Er bot seinen Freunden nicht einmal etwas zu trinken an. Gen Paul war darüber sehr aufgebracht. Ich ging damals davon aus, daß Louis mich schon nach zwei Monaten wieder verlassen würde, aber ich stellte ihm keine Fragen, zog nicht richtig bei ihm ein, sondern hielt den Mund, und schließlich hatte ich ja meinen Tanz. Er entzog sich allen, er war wie ein Geist, wie Wasser.

Glücklich waren wir am Montmartre nicht, aber wir erlebten durchaus glückliche Momente. Zu jener Zeit war das Viertel noch ein richtiges Dorf, in dem man pfiff, um jemanden herbeizurufen, und ich fuhr mit dem Fahrrad herum, denn es gab noch keine Autos. Da man uns das Telephon abgestellt hatte, ging ich zum Telephonieren immer ins »Moulin de la Galette«, das damals von einer ehemaligen Prostituierten, einer Frau wie aus dem Bilderbuch, geführt wurde. Jedesmal sagte sie zu uns: »Bei Ihnen mache ich eine Ausnahme«, als wären wir treue Stammkunden.

Louis war ein guter Bekannter von Jo Varenne, der zur Unterwelt gehörte. Als Besitzer des »Balajo« ließ Jo »Freudenmädchen« für sich arbeiten und machte damit ein Vermögen, aber trotzdem war er verzweifelt, »weil ich mir mit meinem Geld alles kaufen kann, nur kein Abitur«, wie er sagte. Eines Tages verkündete er: »Ich habe da ein ganz erstaunliches Mädchen: Sie verkauft Blumen, und sie singt.« Es war Edith Piaf. Sie war winzigklein und gleichzeitig überaus beeindruckend. Wenn sie sich auf einen Tisch stellte und aus Leibeskräften sang, hatte sie Ähnlichkeit mit einem Spatzen, der seinen riesigen Schnabel aufsperrt.

Es war die Zeit der deutschen Besatzung, der Schwarzmarkt blühte. Mit einem Stück Brot oder ein paar Keksen konnte man jeden kaufen.

Ich wußte, daß Louis gern dabei war, wenn ich meine Tanzstunden gab: Meinen Schülerinnen zuzusehen verlieh ihm neue Energie, es war wie eine Transfusion frischen Lebens. Die Jugend hatte es ihm angetan. Auch in Meudon geriet er jedesmal ins Träumen, wenn er den Tänzerinnen zuschaute. Er versank dann in einer nicht enden wollenden Betrachtung, wie es ihm zuweilen beim Anblick von Wasser oder Schiffen erging.

Auch Gen Paul war dabei. Er skizzierte meine Schülerinnen, das war sein Beruf. Die Szenen aus *Märchen für irgendwann* sind zwar künstlerisch umgesetzt, aber alle wollen unbedingt Sexorgien darin sehen. Als Louis am Ende des Buchs eine Szene zwischen Gen Paul und mir beschrieb, mußte ich sofort daran denken, daß mein Vater diese Passage womöglich lesen würde.

Louis mochte an Gen Paul, daß er so aufrichtig war und richtigen Argot sprach. Außerdem staunte er über seine Kreativität. Ich bin nie mit Gen Paul ins Bett gegangen, und das hat er mir immer nachgetragen. Er nannte mich »die Pfeife«, wegen meines langen Halses. Und er behauptete: »Du willst ja nur deshalb nicht mit mir schlafen« und zeigte dabei auf sein Holzbein.

Louis tat so, als merke er nicht, daß mich Gen Paul, dem ich als erstem aufgefallen war, begehrte.

In unserem Viertel wohnte auch Henri Mahé. Er war mehr Dekorateur als Maler und so falsch, wie Gen Paul aufrichtig war. Da unser Telephon nicht funktionierte, ließ ihm Louis, wenn er sich mit ihm im Café verabreden wollte, auf einen Zettel gekritzelte kurze Nachrichten zukommen. Auf diese bezog sich Mahé später, um über Céline zu schreiben, was ihm gerade paßte. Das sind schmerzliche Erinnerungen.

Auch Le Vigan war hinter mir her. Er bot mir Kaffee an, klopfte an meine Tür und sagte: »Tock, tock, tock, hier ist der Kater Bébert.«

Céline sagte immer: »Wenn wir einen Schauspieler haben, der Napoleon spielt, und Napoleon selbst, dann ist nur einer von beiden Napoleon.« Das stimmte zwar, aber Le Vigan hielt sich tatsächlich für Napoleon: Er *war* Napoleon. Obwohl er ständig ans Essen dachte, war er sehr dünn. Damit er sich ordentlich ernähren konnte, fuhren wir nach Sigmaringen. Sogar Béberts Katzenfutter verschlang er. Bébert war ursprünglich sein Kater, und die beiden zankten sich fürchterlich. Le Vigan sprach mit ihm wie mit einem Menschen, und Bébert spuckte als Antwort. Der riesige getigerte Kater starb mit zwanzig Jahren vollkommen ausgemergelt in Meudon. Er hatte nicht beim Lebensmittelhändler in Sigmaringen bleiben wollen, sondern es vorgezogen, bei uns zu verhungern.

Die Besatzungszeit brachte die Laster, aber auch die Tugenden der Menschen ans Licht. Louis brauchte die Figuren für seine Romane. Er mochte sie so, wie sie waren, mit all ihren Schwächen. Gen Paul zeigte mir Porträts, die er von mir angefertigt hatte, und zerriß sie dann. Le Vigan war wirklich verrückt, er sagte zu mir: »Lucette, dir ist doch das Leben von uns Männern ganz egal.«

Marcel Aymé wohnte ebenfalls in unserem Viertel. Er konnte aufgrund eines Nervenleidens die Lider nicht heben. Ich nannte ihn »die Schildkröte«. Wie Dubuffet war er sehr förmlich und redete nur mit Menschen, mit denen er vertraut war. Er starb sechs Jahre nach Louis.

Paris war besetzt, und jeder mußte zusehen, wie er sich durchschlug. Den Deutschen konnte man den Zutritt zu den Theatern nicht verwehren.

Jeder denunzierte jeden, es war genau wie in Truffauts Film *Die letzte Metro*. Wären die Deutschen sämtlichen Denunziationen nachgegangen, hätten sie halb Paris erschießen müssen. Der Schwarzmarkt war überall. Am Montmartre kannten wir sogar jemanden, der Züge verkaufte.

Gen Paul verriet Louis, indem er behauptete, er habe Hunderte Juden denunziert.

Nur Marcel Aymé hielt ihm bis zuletzt die Treue. Er schlug sogar die Aufnahme in die Ehrenlegion aus, weil ihm nichts daran lag.

Eines Tages stellte sich ein französischer Lastwagen auf der Straße absichtlich quer, um einen Deutschen in einem Beiwagen zu töten. Ein paar Leute applaudierten, es war erbärmlich. Scheinbar ganz normale Menschen, die in Ausnahmesituationen plötzlich verrückt spielen.

Ich mißtraue überschwenglichen Liebesbezeugungen. Worte können viel zerstören. Tiere haben ein besseres Gespür als wir Menschen. Vielleicht mehr noch als ein Hund kann uns eine Katze bezaubern, indem sie sich ganz leise in unser Herz schleicht. Katzen sind mystische, tiefgründige, geheimnisvolle Wesen.

Meine Tiere haben es alle gespürt, wenn sie sterben mußten. In der Nacht suchten sie meine Nähe oder gaben mir die Pfote, und am nächsten Morgen waren sie tot.

Meine Auffassung von Liebe ist stark nach dem Evangelium ausgerichtet: Wir sollten dem anderen geben, was er will, auch wenn uns das selbst nicht guttut.

Als ich Louis kennenlernte, hatte er gerade die einzig wichtige Beziehung in seinem Leben hinter sich: Elisabeth. Und als er dann in die USA reiste, um nach ihr zu suchen, war ich sogar zu einem »ménage à trois« bereit, für den Fall, daß er sie mit zurückbrachte. Sie blieb für ihn jedoch eine Idealvorstellung, weil er sie nicht altern sah, und später erschuf er sie im Geiste sogar vollkommen neu. Sie faszinierte ihn damals, weil sie nichts von ihm wollte. Sie schlief mit allen seinen Freunden, kannte weder Moral noch Mitleid. Als Amerikanerin sehr auf Hygiene bedacht, verabscheute sie das Leben der Armen, die Céline in den Ambulanzen behandelte.

Unlängst ist ein Professor in die USA gereist, um sie als Zeitzeugin zu befragen, sie, der *Reise ans Ende der Nacht* gewidmet ist. Das war kurz vor ihrem Tod, und sie erinnerte sich an nichts mehr. Sie hatte Célines Karriere nicht verfolgt, war über seine Berühmtheit nicht im Bilde, und die Vergangenheit lag so weit zurück. »Clichy... Ach ja, der kleine Destouches«, sagte sie schließlich.

Dem war nichts hinzuzufügen. Es war alles gesagt über den Zauber der Schriftstellerei, die Umsetzung in Worte, die Kluft zwischen zwei Menschenleben. Immerhin konnte man ihr ein paar belanglose Erinnerungen entreißen, um daraus ein Buch zu machen.

Da uns die Deutschen 1942 daran hinderten, die Sommerfrische wie gewohnt in Saint-Malo zu verbringen, wichen wir nach Quimper in die psychiatrische Klinik aus, die Dr. Mondain damals leitete. Er war selbst halbwegs verrückt. Als Amateurmaler brach er manchmal mitten in der Nacht mit seinen Farben und seiner Staffelei auf, um die Natur einzufangen. Morgens kehrte er dann verzückt mit einer vollkommen schwarzen Leinwand zurück. Seine Frau wollte sich regelmäßig aus dem Fenster stürzen, und er ließ seine Patienten bei Tisch bedienen. Einer von ihnen – der Mann hatte seine Frau zerstückelt – wurde in der Küche als »Zuschneider« beschäftigt. Das waren unfaßbare, irrwitzige, aber auch beunruhigende Zustände.

Zu jener Zeit wurde die Situation am Montmartre immer unerträglicher. Wir erhielten per Post regelmäßig kleine Särge. Louis wußte jedoch nichts davon. Er bekam überhaupt nichts mit. Es hatte ihn ja schon überrascht, als er erfuhr, daß *Die schönen Leichentücher* 1941 verboten wurde. Und er wollte es auch nicht einsehen, als ich sagte: »Du wirfst dir selbst einen Pflasterstein an den Kopf«, während er in Saint-Malo *Die Judenverschwörung in Frankreich* verfaßte. Bis zu seinem Ende sollte er darauf beharren, daß er die Pamphlete in pazifistischer Absicht geschrieben habe. Punktum. Davon war er wirklich überzeugt.

Erst viel später versuchte ich, einen Zusammenhang zwischen der Verletzung, die er sich im Ersten Weltkrieg zugezogen hatte und die schuld daran war, daß er auf dem rechten Ohr völlig taub wurde und ständig ein Summen hörte (»ein Zug, der pausenlos vorbeirast«), und dem halluzinatorischen Charakter seiner Pamphlete herzustellen.

KAPITEL VI

Wieder in Dieppe.
Die Flucht nach Deutschland:
Sigmaringen.

In Dieppe geht Lucette mit ihrer Hündin Roxane am Meer auf den Kieseln spazieren, die sich im Wasser verlieren, und sie marschiert weiter bis zum Leuchtturm, wenn die Nacht hereingebrochen und die Stadt tot ist.
Wir beide baden mitten im Winter im eisigen, schmerzend kalten Wasser, schwimmen in den lang auslaufenden, rollenden Wellen, die die Haut aufreiben, und gehen anschließend rasch zurück, um in der heißen Sauna vor uns hin zu dösen.
Und morgens, wenn eine kleine, milde Sonne über dem Horizont aufglimmt, trinken wir Kaffee – mit Blick aufs offene Meer.

Schließlich konnte ich Céline doch dazu bewegen, Paris zu verlassen, und so reisten Louis und ich Mitte Juni 1944 ab.

Lange vorher, als wir noch bei seiner Mutter in der Rue Marsollier wohnten, hatte ich einen Traum, der mir wie eine Warnung erschien: Wir waren im »Moulin de la Galette«, und am Ende einer Straße schickten sich Soldaten mit Maschinengewehren an, wahllos zusammengetriebene Männer zu erschießen. Der letzte in der Reihe war Louis, und als er drankommen sollte, verschwand er.

Louis ging davon aus, daß wir höchstens ein paar Monate fortbleiben würden, deshalb ließen wir alles zurück. Die Schlüssel vertraute er dem Hausmeister an. Wir wollten nach Dänemark, wo Karen lebte, eine Freundin von Louis, bei der er einige Goldbarren versteckt hatte. In Baden-Baden trafen wir Le Vigan, und wir reisten miteinander nach Berlin weiter. Dort wurde uns klar, daß wir es nie nach Dänemark schaffen würden. Deutschland stand in Flammen, und die Menschen rannten durcheinander wie Ratten, die in einem riesigen Schweizer Käse nach einem Loch suchten, um hindurchzuschlüpfen.

In Berlin krochen wir mit Bébert unter die Erde. Kein einziges Haus war unbeschädigt. Es herrschte Weltuntergangsstimmung, überall flackerten Irrlichter. Wir erblickten auf Schritt und Tritt Wachposten und starben vor Hunger.

Eines Tages fingen ein paar Deutsche an, zu singen und zu trinken: Sie feierten die Ermordung Hitlers. Tags darauf wurden sie erschossen.

Wir flüchteten nach Neuruppin, in der Nähe von Kränzlin. Darüber berichtet Louis in *Norden*. Leider war er nicht so umsichtig, die Identität der betreffenden Personen zu ändern, was mir nach seinem Tod einen langwierigen Prozeß einbrachte. Der Streit endete schließlich mit einem Vergleich, nachdem wir uns bereit erklärt hatten, die Namen zu änderen.

Im Oktober trafen Louis und ich mit Le Vigan und Bébert in Sigmaringen ein. Von dort aus hatten wir vielleicht noch eine Möglichkeit, aus Deutschland herauszukommen, unsere letzte Chance, und wir haben sie ergriffen. Punktum. Es stimmt nicht, daß uns die Miliz zur Flucht verholfen hat. Wenn man mit der Nase zu tief in der Weltgeschichte steckt, sieht man nichts mehr. Alles wird neu aufbereitet, und am Ende erzählt man die Geschichte der Sieger.

Von Oktober 1944 bis März 1945 wohnten wir in Sigmaringen zu Füßen eines operettenhaften Schlosses, aus dem man sie nacheinander alle herausholte, um sie zu erschießen: Laval, Brinon, Luchaire. Pétain wurde zwar begnadigt, doch er starb später in Festungshaft, was möglicherweise noch schlimmer ist.

Was wir dort erlebt haben, war grauenhaft, ein Alptraum im Wachzustand, mitten in einer Welt, die sich verrannt hatte und nun im Untergehen begriffen war.

Louis betätigte sich als Arzt, ich tanzte. Ich hatte mir in einem der riesigen Spiegelsäle im Erdgeschoß des Schlosses eine Ecke hergerichtet, wo ich täglich übte. Außerdem ging ich viel spazieren, und dabei begegnete ich manchmal Pétain, der mir zuwinkte oder sogar herüberkam, um Bébert zu streicheln. Sein Leibarzt wollte sich in die Schweiz absetzen, und Pétain fragte mich, ob Louis sich nach dessen Fortgang um sein gesundheitliches Wohl kümmern würde. Ich konnte es ihm nicht versprechen.

Neben Dr. Jacquat war Céline der einzige Arzt für 1142 zum Tode Verurteilte, und ich war die einzige, die ihm als Krankenschwester zur Hand gehen konnte. Wir hatten in dem Hotel, in dem wir untergekommen waren, eine behelfsmäßige Praxis eingerichtet.

Die Stimmung war trostlos.

Anfang März 1945 erhielten wir schließlich Passierscheine und machten uns auf den Weg nach Dänemark, ohne Le Vigan zwar, aber mit dem Kater Bébert, der nicht von unserer Seite wich, nachdem er dem Lebensmittelhändler, dem wir ihn anvertraut hatten, entwischt war.

Mit Dänemark verbanden Louis alte Erinnerungen.

Da war die Nordsee und mit ihr das Gefühl, daß man dort oben auf Schiffen lebte.

Das war ein schöner Traum, ein schönes Trugbild.

Die Reise dorthin war grauenvoll, ein Alptraum inmitten von Krieg und Feuer.

Wir stiegen in zerstörte Züge, die uns, wie es schien, an ganz andere Orte bringen wollten, urplötzlich hielten und sich dann wieder in Bewegung setzten, um wer weiß wohin, vielleicht nirgendwohin zu fahren.

Die Lokomotiven wurden mit Holzkohle befeuert, und so rollten wir nachts wie im Geisterzug funkensprühend dahin.

Oft zwang ein Bombardement den Zug zu jähem Halt, und wir mußten auf dem platten Land aussteigen und bis zu einer Brücke kriechen, wo wir erschöpft niedersanken, um ein wenig zu schlafen, bevor wir in den nächstbesten Waggon kletterten, der vorbeikam.

So durchquerten wir planlos und voller Angst das in Trümmern liegende Deutschland.

Kein einziges Haus stand mehr. Zwar sah es manchmal so aus, aber dann handelte es sich nur noch um die Fassade: dahinter war nichts.

In den Zügen sangen die Deutschen mit uns wie in einer düsteren Oper.

Wir waren umgeben von Flammen und Asche.

Bébert erlebte dieses Stück Geschichte mit uns. Er kauerte reglos in seiner Umhängetasche und verlangte weder etwas zu fressen noch etwas zu trinken, als wäre er nicht mehr er selbst, sondern völlig gebannt von den Greueln dieser Welt.

Und dann begegneten wir eines Tages einem Konvoi des Roten Kreuzes, der Schweden in die Heimat zurückbrachte. Ich stürzte mit Bébert auf die Gleise, der Zug hielt, man ließ uns bereitwillig einsteigen und nahm uns bis Kopenhagen mit.

Unser erster Eindruck war der von einem Schlaraffenland, in dem es Lebensmittel in Hülle und Fülle gab. Die Stadt quoll geradezu über vor Eiern, Butter, Milch und Käse.

Ich begann vor lauter Nervosität zu lachen und konnte nicht mehr aufhören.

KAPITEL VII

Mit dem Schiff nach Newhaven.
In Dänemark ins Gefängnis.

Lucette und mich packte oft die Reiselust.
Wie wäre es, wenn wir nach England führen? England ist lieblich und herb zugleich. Zwischen Dieppe und Newhaven verkehrt täglich eine Fähre.
Tags darauf stehen wir auf dem Pier. Es regnet. »Dort ist es herrlich melancholisch«, sagt Lucette zu mir.
Die wütenden Wellen brechen sich unaufhörlich, und ein alles andere als mitreißender Animateur kündigt ein internationales Spektakel an: »Kabarett«.
Es ist dermaßen mißglückt, daß es schon wieder etwas Besonderes ist. Niemand sieht zu, die Leute wirken wie tot.
Ein paar Stunden später gehen wir an Land und flüchten uns in ein Pub. Dort baden wir im Rauch und in der englischen Sprache. Wir lassen die Atmosphäre auf uns wirken.
Bei Dunkelheit kehren wir nach Dieppe zurück, schweigend und getränkt mit einer Vision vom Ende der Welt, an die wir uns immer erinnern werden wie an eine kalte schwarze Liebkosung.

Louis und ich trafen am 27. März 1945 in Kopenhagen ein. Dänemark ist das trostloseste Land der Welt, und es wird von heuchlerischen Schweinen bewohnt.

Mein Traum war Spanien. Ohne je dort gewesen zu sein, trug ich die Kultur, die Tänze, die Kastagnetten und die Schönheit des Landes in mir. Ich sollte Spanien nie kennenlernen, und das bedaure ich noch heute.

Wir quartierten uns bei Louis' Freundin, der Tänzerin Karen Marie Jensen, in einer kleinen Mansardenwohnung mit Blick auf die Kanäle ein.

Dort begann Louis wieder zu schreiben, und ich konnte wieder tanzen. Ich unterrichtete Görings Nichte, die mit dem Sohn eines Rabbiners verheiratet war.

Wir hatten eine neue Identität angenommen und hießen nun Louis Courtial und Lucie Jensen.

Am Abend des 17. Dezember 1945 erschienen mehrere Polizisten in Zivil und verhafteten uns. Ich habe wiederholt erzählt, wie wir, zu Tode erschrocken, mit Bébert über die Dächer zu fliehen versuchten. Wir dachten, die Kommunisten seien gekommen, um uns umzubringen. Louis besaß sogar eine Pistole, um sich zu verteidigen, und Zyanid, um sich das Leben zu nehmen. Als die Polizei die Kanülen und Klistierspritzen fand, die Céline zur Behandlung seiner Amöben benötigte, vermutete sie, daß er mit Abtreibungen Geschäfte machte, und steckte uns ins Gefängnis. Da ich Ausländerin war, hielt man mich für eine Spionin und sperrte mich zehn Tage lang zusammen mit einer Kriminellen, die ihren Mann getötet und sein Geld versteckt hatte, in eine Zelle.

Täglich gab man mir Spritzen zur Behandlung einer möglichen Tuberkulose. Ich glaubte von Anfang an, daß Louis tot sei. Erst später erfuhr ich von einer Krankenschwester, die Französisch sprach und bei den Männern arbeitete, daß er lebte. Ich erinnere mich noch, daß der Verlobte dieser Frau mit der »Division Charlemagne« nach Rußland gezogen war, um den Kommunismus zu bekämpfen. Er und alle anderen waren umgebracht worden. Man hatte ihn in einen Kartoffelsack gesteckt und gezwungen, so lange stehenzubleiben, bis er ohnmächtig wurde und sich beim Sturz den Schädel zertrümmerte.

Am 28. Dezember wurde ich auf freien Fuß gesetzt, doch ich mußte noch sechs Monate warten, bis ich mit Louis Briefe wechseln durfte. Bis dahin unternahm ich drei Selbstmordversuche. Céline habe ich nie davon erzählt, aber ich fühlte mich allein, vollkommen allein in diesem fremden Land, dessen Sprache ich nicht verstand. Louis hatte mir verboten, auch nur ein Wort dänisch zu sprechen, abgesehen von brød, Brot. Seine Liebe zur französischen Sprache duldete keinen Kompromiß.

Dreimal wollte ich sterben, dreimal schluckte ich eine Überdosis Tabletten, dreimal mißglückte mein Versuch.

In der allerersten Zeit verständigten wir uns heimlich mit kleinen, auf Toilettenpapier gekritzelten Nachrichten. Später durften wir uns dank der Vermittlung von Louis' Anwalt Mikkelssen schreiben.

Wenn ich die Briefe heute wieder lese, kommen sie mir sehr wirklichkeitsfremd vor. Damals war zwar alles schrecklich, aber gleichzeitig so normal. Ich aß nichts mehr, fiel ständig in Ohnmacht, spuckte Blut.

Wenn ich Louis besuchte, nahm ich Bébert mit seinem süßen Schmetterlings-Schnäuzchen mit. Ich versteckte ihn in einer Tasche, und er rührte sich nicht. Erst im letzten Moment streckte er eine Pfote aus.

Bébert hat uns das Leben gerettet. Jene Zeit war für uns wie der von Dante beschworene Abstieg in die Hölle.

Wäre ich ganz allein in meinem Zimmer unter dem Dach gewesen, hätte ich mich bestimmt aufgegeben. So aber legte ich im Ofen pausenlos Holz nach und tat alles, um ein wenig Wärme zu erzeugen, damit mein Kater am Leben blieb. Er war mein Zuhause, ein schlagendes Herz.

Viele Menschen finden es erstaunlich, daß Céline Bébert mit mir auf eine Stufe stellte.

Aber es hätte nicht anders sein können, denn er war durch und durch eine Persönlichkeit.

Im Gefängnis wurde Louis moralisch gefoltert: eine Folter nach dem Prinzip Hoffnung. Mehrmals machte man ihm weis, er würde entlassen. Dann mußte er sich anziehen und in einen Kastenwagen steigen, doch im letzten Augenblick brachte man ihn zurück ins Gefängnis. Das war unmenschlich.

Oder man sagte zu ihm: »Heute wirst du erschossen.«

Er durchlitt ein Martyrium. Wegen seiner Amöben hätte er jeden Morgen einen warmen Einlauf machen müssen, doch das war nicht möglich. Er nahm zwanzig Kilo ab und mußte wiederholt ins Gefängniskrankenhaus. Ich besuchte ihn im Krankensaal. Starb einer der Patienten hinter seinem Wandschirm, klingelte Louis mit einem Glöckchen, damit man den Toten fortschaffte. Er lauschte dem Atem der anderen.

Ich strickte ihm Socken und Handschuhe, allerdings heimlich, sonst hätte Louis sie nie angenommen. Er war immer dagegen, daß ich kochte oder mich um den Haushalt kümmerte. In Meudon aßen wir scheußliche

Ragouts, die er zubereitete. Als Marcel Aymé eines Tages zu ihm sagte, jemand müsse sich nun mal um den Haushalt kümmern, erwiderte er: »Ja, deine Frau vielleicht, aber nicht meine.«

Es war an Weihnachten, als unser Leben aus den Fugen geriet. Seither durchlebe ich all diese schrecklichen Geschehnisse jedes Jahr von neuem. Immer um die Weihnachtszeit werde ich krank.

Céline saß vom 17. Dezember 1946 bis zum 24. Juni 1947 im Gefängnis. Zum Ende zog sich alles derart hin, daß ich dem Justizminister einen Besuch abstattete. Der Mann stellte mit einem Blick in die Akte fest, daß das 1939 von Céline geschriebene und 1940 erschienene Werk *Les Beaux Draps (Die schönen Leichentücher)* der einzige Anschuldigungsgrund war. Er las das Buch noch in derselben Nacht, und tags darauf teilte er mir am Telephon mit: »In der Akte ist nichts zu finden.« Eine Stunde später hielt eine Limousine vor meiner Tür, und Louis stieg aus.

Zur Begrüßung hatte ich eine wundervolle Magnolie und sehr schöne weiße Blumen gekauft.

Als Louis eintraf, hatten alle Blumen bereits ihre Blütenblätter verloren, und es waren nur noch die Stengel übrig.

Wer im Gefängnis war, ist für sein Leben gezeichnet, ja, er wird gewissermaßen zum Gespenst.

Nach zwei Jahren war Louis nicht mehr derselbe. Er war alt geworden, ging am Stock und litt, abgesehen von seinen Malariaanfällen, jeden Tag an einem anderen Gebrechen.

Der Erste Weltkrieg hatte einen halben Menschen aus ihm gemacht, er hatte ihn ein Ohr und einen Arm gekostet und seinen Geist in Aufruhr versetzt. Das Gefängnis aber hatte ihn fertiggemacht. Es hatte ihn in einen lebenden Toten verwandelt. In Meudon war er in den zehn Jahren, die ihm noch bis zu seinem Tod blieben, schon nicht mehr richtig anwesend.

Ist eine gewisse Leidensschwelle überschritten, fällt der Wortepudding in sich zusammen. Dann gibt es nichts mehr zu sagen.

Genauso klagen wirklich arme Menschen nie und verlangen auch nichts: Sie verkriechen sich.

In Bezons kannte Louis einen Bibliothekar, der sich bei der Untersuchung um keinen Preis ausziehen wollte. Seine Hose war fadenscheinig, das Hemd hatte keinen Kragen, und er lebte in bitterster Armut. Um ihm zu helfen, überredete ihn Louis, ein Buch über Bezons zu schreiben, für das er selbst das Vorwort verfaßte.

Durch die Medizin hatte Céline das Gefühl, mitten im Geschehen, am Puls des Lebens, im Brennpunkt zu stehen.

Angesichts eines sterbenden Kindes hat nichts mehr Bedeutung, weder die Literatur noch irgend etwas anderes.

Alles erscheint nur noch lächerlich.

KAPITEL VIII

In Dieppe: Der improvisierte Badeanzug.
Das Exil in Korsør.

Dieppe zum erstenmal mitten im Juli.
Überall Menschenmassen sowie der Geruch nach Pommes frites und Zuckerwatte.
»In Neuneu ist Kirmes«, sagt Lucette.
Wir gehen hinaus, wollen ein bißchen wandern. Sie läßt den Badeanzug zu Hause. Am Strand sind zu viele Leute. Und dann überkommt sie plötzlich doch unbändige Lust zu schwimmen.
Sie sagt: »Geh schon mal ins Wasser, kümmere dich nicht um mich.«
Gleich darauf kommt sie nach.
Sie hat aus zwei Tüchern einen Badeanzug improvisiert: eines hat sie als Oberteil zusammengeknotet, das andere als Höschen.
Die Leute beobachten sie verwundert.
Die Sehnsucht nach dem Meer ist eben stärker als alles andere.

Nach unserer Ankunft in Dänemark kamen wir fürs erste bei Karen unter, doch schon kurz nach Louis' Verhaftung setzte sie mich vor die Tür. Bébert hatte ihre Wohnung verwüstet, ihre Sessel zerkratzt, Vorhänge und Tapeten heruntergerissen und sogar ein paar Nippesfiguren aus Porzellan zerbrochen.

Ich weiß noch, wie Louis zu mir sagte: »Laß nur, das spielt keine Rolle.«

Aber dann kam Karen zurück, und ich mußte ihr die Wohnung wieder überlassen.

Also machte ich einen Tauschhandel mit einem Gefängniswärter: Ich übernahm sein Appartement, und er zog zu meiner Mutter nach Menton.

Als Céline aus dem Gefängnis freigelassen wurde, kam er zu mir in das kleine Appartement, das auf einen Park ging.

Es war schlecht isoliert: Im Winter fror man, und im Sommer, als Louis zurückkehrte, erstickten wir vor Hitze. Wir verbrachten dort den ganzen Winter 1947/48. Danach mußten wir das Appartement räumen, weil meine Mutter sich mit ihren Mietern zerstritten hatte.

Im Mai bot uns Célines Anwalt Mikkelssen eine Unterkunft an: zuerst bei sich, in der Nähe des Hafens von Korsør, dann in einem kleinen Gästehaus gleich nebenan und schließlich, ab Juli, für drei Jahre in einer Hütte am Ufer der Ostsee, ohne fließendes Wasser und nur mit einem Kocher sowie einem Torfofen.

In Dänemark mußten wir ständig umziehen, unser Bündel schnüren und anderswo unterschlüpfen – ein bißchen wie Dienstboten. Ich trainierte meinen Körper täglich, hüpfte Springseil und badete in der Ostsee, diesem grauen Meer ohne Salz und ohne Gezeiten, das

Louis von Anfang an haßte. Im Winter hackte er morgens ein Loch ins Eis, damit ich ins Wasser tauchen konnte, und danach packte er mir heiße Wärmflaschen auf die Beine.

Er schrieb pausenlos, um die Verbindung zu seiner Heimat nicht zu verlieren. Fern von Frankreich zu leben war für ihn eine Qual, und wenn er im Radio Französisch hörte, mußte er weinen.

Er korrespondierte mit Gen Paul, Le Vigan und der Schauspielerin Marie Bell, und ihre Briefe enthielten für ihn ein jeweils anderes Pariser Parfum, das ihm überleben half.

Zusammen mit seinen französischen Anwälten arbeitete er unermüdlich an seiner Verteidigung und formulierte ein ums andere Mal das Plädoyer um, an dessen Inhalt sich letztlich jedoch nichts änderte und das seinen leidvollen Zustand des unverstandenen Opfers festschrieb.

Außerdem bemühte er sich, die Veröffentlichung seiner Bücher wieder anzukurbeln.

Im Herbst 1947 begegnete Louis François Löchen, dem Pastor der reformierten Kirche von Kopenhagen. Beide waren beruflich in denselben Pariser Vororten tätig gewesen, nämlich in Sartrouville und Bezons. Sie hatten dieselben Orte aufgesucht und dieselben Menschen kennengelernt.

Durch Pastor Löchen erfuhr Louis vom Tod einer seiner ehemaligen Krankenschwestern. Der Pastor hatte ihr in ihren letzten Augenblicken beigestanden. Ihre gemeinsame Vergangenheit verband sie mehr als alle Worte. Céline besuchte ihn immer sonntags nach dem Gottesdienst, und einige Male luden wir uns gegenseitig ein.

Später unterhielten der Pastor und Louis einen sehr persönlichen Briefwechsel, in dem Célines mystische Ader zutage trat.

François Löchen lebt noch. Er wohnt in Metz in einem Altersheim. Unlängst hätte ich Gelegenheit gehabt, ihn zu besuchen, brachte aber nicht den Mut auf. Ich stellte es mir unheimlich vor, einen Greis wiederzusehen, den man als jungen Mann in Erinnerung hat.

Zu Beginn unseres Aufenthalts in Korsør erhielten wir Besuch vom amerikanischen Hochschullehrer Milton Hindus, der für Louis' Art jedoch keinerlei Verständnis aufbrachte und bald das Weite suchte, so schockiert war er über die Grobheit Célines, der ihn pausenlos provozierte.

In ihren Briefen hatten sie sich gut verstanden. Ihm hat Céline seine literarische Technik, seine Ziele, seine Sicht des Lebens und der Frauen am besten dargelegt. Aber die beiden Männer waren nun mal allzu unterschiedlich, und von dem Moment an, als ich den sehr auf Komfort bedachten Hindus auf seinem kleinen Fahrrad ankommen sah, mißgestimmt darüber, daß es in dem Zimmer, das wir für ihn reserviert hatten, kein warmes Wasser gab, begriff ich, daß es zwischen den beiden nicht funktionieren konnte und daß wir auf eine Katastrophe zusteuerten. Er hätte sofort wieder abreisen sollen. Louis benahm sich unausstehlich, und ich versuchte wie üblich, zu vermitteln und die Wogen zu glätten – vergebens. Es machte alles nur noch schlimmer.

Zu jener Zeit, genauer gesagt im Jahr 1949, nahmen wir die Hündin Bessy bei uns auf, eine streunende

Schäferhündin, die Louis zähmte, indem er sie Tag und Nacht an der Leine hielt, damit sie nicht womöglich Bébert fraß.

Im Mai 1950 wurde mir in einer Notoperation ein Fibrom entfernt. Es war grauenhaft. Nach der Operation stand ich zu früh auf und zog mir einen Leistenbruch zu, der ohne Betäubung genäht wurde. Die Wunde entzündete sich und eiterte.

Mitte Juli brachte mich Louis zurück nach Korsør, und mit Hilfe meiner Übungen baute ich meine Muskulatur nach und nach wieder auf.

Dank seines Anwalts Tixier-Vignancour, der es so eingerichtet hatte, daß der Name Destouches im Augenblick der Urteilsverkündung nicht mit dem Schriftsteller Céline in Verbindung gebracht wurde, kamen wir im Frühjahr 1951 in den Genuß des Amnestiegesetzes und konnten an eine Rückkehr nach Frankreich denken.

KAPITEL IX

Acht Tage in Menton
Die Heimkehr: Menton, Neuilly
und schließlich Meudon.

Menton mit seinen Palmen, seinem exotischen Garten, seinem kristallklaren Meer, seiner Dolce vita. Die Côte d'Azur packt sie wie ein Fieber, so wie die Furcht vor der Sonne, die gleichzeitig lockt und schmerzt.
Wir fliegen für eine Woche hin. Genau wie in Dieppe besitzt Lucette im schönsten Gebäude der Stadt zwei Zimmer hoch über dem Meer.
Auch dort dreht sich alles ums Wasser.
Von den beiden erhöht stehenden Betten blickt man direkt aufs Mittelmeer. Man sieht nur das Meer, nichts anderes. Morgens schauen wir hingerissen zu, wie die Sonne aufgeht; abends sehen wir sie in einem von orangefarbenen und blutroten Streifen durchzogenen Flammenmeer hinter dem Horizont verschwinden.
So erleben wir täglich mit beklommenem Herzen die Geburt und den Tod der Welt.

Louis und ich landeten am 1. Juli 1951 in Nizza. Meine Mutter und mein Stiefvater Pirazzolli, den Céline »Sparbüchse« oder »Couscous« nannte, holten uns am Flughafen ab. Louis war zum erstenmal in seinem Leben geflogen, und er war begeistert. Im Frachtraum waren acht Hunde und Katzen mit uns gereist. Bébert und Bessy wichen nach der Landung nicht von unserer Seite, aber die meisten anderen Tiere, die noch nicht gezähmt und vom Flug traumatisiert waren, flohen in die freie Natur. Die verschwundene Katze Thomine tauchte sechs Monate später bei meiner Mutter auf, und sie schickte uns das Tier nach Meudon.

Leider lief gleich nach unserer Ankunft an der Côte d'Azur alles gründlich schief. Meine Mutter und Louis hatten sich noch nie gut verstanden, keiner von beiden wollte Zugeständnisse machen. Nur ein einziges Mal gab Louis nach, warum, weiß ich nicht. Meine Mutter hatte in meinem Namen Schulden gemacht, und erstaunlicherweise beglich Céline die Summe, obwohl er mit Geld normalerweise sehr zurückhaltend umging.

Zur Feier unserer Heimkehr hatte meine Mutter in der Wohnung in Menton einen kleinen Empfang vorbereitet. Louis ging geradewegs in sein Zimmer, schloß sich darin ein und kam nicht wieder heraus. Er litt unter der Gegenwart meiner Mutter, unter der Hitze, unter allerlei körperlichen Beschwerden und Verdauungsproblemen.

Eigentlich hatten wir mehrere Monate an der Côte d'Azur bleiben wollen, doch bereits Ende Juli flohen wir nach Neuilly zu einem reichen Industriellenehepaar, den Marteaus, die uns eingeladen hatten. Gaston Gallimards Geliebte, die Schauspielerin Valentine Tessier, war gerade im Begriff, Gallimard wegen Marteau zu verlassen, was ein paar abenteuerliche Szenen zur Folge hatte.

Aber auch dort hielten wir es nicht aus. Das Schloßleben lag uns nicht.

Unsere Tiere machten sich sofort daran, die Wohnung zu verwüsten, und ich selbst riß jeden Tag um ein Haar den Kristallüster von der Decke, wenn ich mit dem Springseil trainierte und Louis mit der Stoppuhr die Zeit nahm.

Céline wollte niemanden sehen und blieb den ganzen Tag eingeschlossen.

Mitte August machten wir uns auf die Suche nach einem Haus, und schließlich entdeckten wir etwas Passendes in Meudon, Route des Gardes 25 b.

Dank des Verkaufs meiner beiden Bauernhöfe in der Normandie konnten wir das Haus erwerben und im Oktober 1951 einziehen.

Zu jener Zeit ließ Louis unseren Ehevertrag ändern und den Status der Gütergemeinschaft durch den der Gütertrennung ersetzen. Er wollte mich absichern, indem er mich zur alleinigen Eigentümerin des Hauses machte. Er ahnte, daß seine Tochter versuchen würde, mich nach seinem Tod hinauszuwerfen, und genau das hätte sie auch am liebsten getan.

Céline sagte: »Du kannst mich vor die Tür setzen, wann immer du willst.« Damit ging er ein Risiko ein, denn sollte ich vor ihm das Zeitliche segnen, würde meine Mutter ihn mit Sicherheit hinausjagen.

In den ersten Wochen nach unserem Einzug ließen uns die Marteaus jeden Sonntagvormittag von ihrem Chauffeur eine Torte bringen. Louis schickte die Torten zurück, und bald kamen keine mehr.

Nie machte Louis auch nur das kleinste Zugeständnis an den Reichtum, das kleinste Zugeständnis an irgend etwas.

Ich erinnere mich daran, wie ihn 1941 ein Freund, der ebenfalls Arzt war, zum Freimaurertum bekehren wollte. Céline sagte: »Nein, aber ich möchte gern mal zuschauen.« Also gingen wir beide zu einer Zusammenkunft, die in einem Keller in der Nähe der Kirche Saint-Germain-des-Prés stattfand. Alle versammelten sich um einen großen Tisch, wie beim letzten Abendmahl. Noch lange danach sagte ich mir, daß sie ihn, hätte er sich ihnen angeschlossen, bestimmt verteidigt hätten, aber er war nun mal der typische Einzelgänger.

In Meudon eröffnete ich in unserem Haus sofort eine Schule für klassisches Ballett und Charaktertanz.

Ich wollte meine Methode weiterverbreiten, und dank Mund-zu-Ohr-Propaganda fanden sich sehr rasch die ersten Schüler ein.

Roger Nimier, der allererste, schickte mir weitere Kunden, darunter die Frau des damaligen Direktors des *Figaro*, und schon bald folgten Schauspielerinnen, Schriftsteller, Schriftstellergattinnen, Françoise Christophe, Judith Magre und ihre Schwester, die Tochter von Marcel Aymé, die Frau von Raymond Queneau, Françoise Fabian, die sehr schön war, aber spanische Tänze tanzen wollte, ohne sie zu erlernen, Christine Arnothy und Simone Gallimard. Und viele andere, die hereinschauten und deren Namen ich vergessen habe. Der Kammerdiener von Maurice Druon brachte uns zum Lachen, als er uns eines Tages verriet, daß sein Herr mit einer Nachtmütze zu Bett ginge.

Albert Camus war auch oft da. Er hatte ein Abenteuer mit einer meiner Schülerinnen, der Schwester der

Schauspielerin Judith Magre, die wir »Fummel« nannten. Irgendwann wollte ich ihn Céline vorstellen, doch der sagte zu mir: »Nicht nötig, ich weiß, wie er über mich denkt.« Und er hatte recht.

Meine Tanzschule war das reinste Theater mit heimlichen Versteckspielchen, Wandschränken, in denen Geliebte Zuflucht nehmen durften, weil die Ehefrauen sie nicht entdecken sollten, mit Liebesgeschichten, die sich anbahnten und wieder auflösten, mit Streitereien und Rivalitäten. Ich hatte Frauen und Männer im Unterricht voneinander trennen müssen, weil alles zu kompliziert geworden war. Diejenigen, die keinen Mann hatten, machten sich an die Männer der anderen heran, und es gab Tränen, Nervenkrisen und Selbstmordversuche.

Wir erlebten eine Art Dauerposse in einem Mikrokosmos, in dem die Leidenschaften hochkochten, und zwar von der Eröffnung der Tanzschule an, also noch zu Célines Lebzeiten, bis zu ihrer Schließung lange nach seinem Tod.

Louis hatte sich bei der Ärztekammer von Seine-et-Oise eingetragen und übte seinen Beruf seit einiger Zeit wieder in geringem Umfang aus. Wir besaßen keinen Sou und lebten wie Clochards. Die Zustände bei uns schreckten die normale Klientel ab, und so behandelte er nur arme Menschen. Er brachte es nicht über sich, Geld von ihnen zu nehmen, und erklärte sich sogar zu Hausbesuchen bereit.

Im unteren Teil von Meudon ist kürzlich eins der letzten Häuser verschwunden; es mußte einem Hochhaus weichen.

Unlängst ist auch meine allererste Schülerin gestorben.

All die Menschen, die man einmal gekannt hat und die es nun nicht mehr gibt: eine im Untergang begriffene Welt.

Das erinnert mich an *Die wiedergefundene Zeit* von Proust. Es ist unfaßbar, wie sich die vergangene Zeit immer mehr dehnt. Louis mochte von Proust nur diesen letzten Teil von *Auf der Suche nach der verlorenen Zeit*, ein Werk, das ausschließlich davon erzählt, wie die Zeit die Menschen zu Karikaturen ihrer selbst macht.

Der Held des Buches begegnet nach Jahren auf einer von der Princesse de Guermantes veranstalteten Soiree den Menschen wieder, die ihn in seiner Jugend umgeben haben, doch er erkennt sie nicht sofort. Zuerst glaubt er, sie seien geschminkt, dann hält er sie für die Väter und Mütter der Menschen, die er sich in der Erinnerung bewahrt hat. Die minuziöse, schonungslose Beschreibung der vom Alter gezeichneten Gesichter und Körper ist von einer unerträglichen Grausamkeit.

Ich muß dabei an Rembrandts Gemälde *Die drei Lebensalter* denken, das wir 1938 in Den Haag sahen und das Céline faszinierte. Es befaßt sich ebenfalls mit der Zeit, die verrinnt und uns verunstaltet.

Im Älterwerden machen wir den jungen Leuten angst. Wir führen ihnen den Verfall vor, und sie halten uns für Hexenmeister.

Ich bedaure zutiefst, daß ich keine Kinder habe. Hätte ich welche, wäre ich heute nicht so allein, und selbst wenn ich sie nicht sehen könnte, wüßte ich, daß es sie gibt. Aber da ist niemand.

Ich glaube, genau wie bei Frauen, die nie Mütter geworden sind, gibt es bei Homosexuellen etwas, was sie vom Leben trennt.

Louis war gegen die Abtreibung, weil er Kinder liebte. Wäre ich schwanger geworden, hätte ich das Kind also bekommen. Aber wie kann man sich eins wünschen, wenn man sein Leben lang gejagt wird und in ständiger Todesangst lebt?

Nach der Geburt von Colette, Célines gemeinsamer Tochter mit Edith Follet, wurde ihm seine Ehe heilig. Er hätte sich niemals scheiden lassen, wenn nicht sein Schwiegervater, Professor Follet, Louis' Abreise zum Völkerbund genutzt hätte, um Edith zur Scheidung zu drängen.

Louis hat einmal zu mir gesagt: »Ich hätte nie Nachkommen haben dürfen.« Das stimmte, denn er war ein Mensch außerhalb jeder Norm.

Edith heiratete ein Jahr nach ihrer Scheidung einen Obersten, von dem sie einen Sohn bekam. Mir ist nicht klar, ob Céline das wußte, denn er hat nie mit mir darüber gesprochen. Dieser Sohn rief mich kürzlich an, um mich vom Tod seiner Mutter in Kenntnis zu setzen: »Sie sind heute abend mit ihr zum Essen verabredet, aber sie wird nicht kommen, denn sie ist tot.« Das war alles.

Am Tag von Louis' Beerdigung verlor seine Tochter Colette den Verstand. Meine Mutter machte es sich in der Küche gemütlich und ließ sich ein köstliches Mahl servieren. Die Leute gingen ein und aus und gafften. Ich selbst bewegte mich wie eine Schlafwandlerin. Marcel Aymé wollte sich von diesen Szenen inspirieren lassen und eine Geschichte daraus machen, aber dazu blieb ihm keine Zeit mehr.

Später bildete sich Colette ein, sie sei ich. Sie klapperte mit den Kastagnetten, und man schloß sie eine

Zeitlang in Sainte-Anne ein. Auch Arletty brachte mich gegen Ende ihres Lebens dazu, ihr alles zu erzählen, was Louis zu mir gesagt hatte, und sie gab es so wieder, als hätte Louis es ihr persönlich anvertraut.

Es ist ein sehr seltsames Gefühl, wenn sich jemand wie ein Einsiedlerkrebs in einem festsetzt, von einem Besitz ergreift und einem die Gedanken raubt.

Ein Schriftsteller ist ein Seefahrer, der gegen die Elemente kämpft und ein interessantes, bewegtes Leben führt. Er ist ein schöpferischer Mensch, der nach einem Schatz gräbt, den er in sich trägt. Ohne es zu wollen, verbringt er sein ganzes Leben damit, in immer größere Tiefen vorzudringen. Céline war vor allem ein Handwerker. Er konstruierte ein seetüchtiges Schiff, und damit war die Sache für ihn erledigt. Was andere damit anfangen oder darüber sagen könnten, berührte ihn nicht mehr. Während der Bauphase jedoch, also beim Schreiben, war er äußerst pedantisch, bis hin zum Komma oder zu den Auslassungspunkten.

Literarische Radiosendungen beinhalteten für ihn alles, was ihm verhaßt war. Er fand die Leute durchweg lächerlich: »Ich tue dir einen Gefallen, du tust mir einen Gefallen. Ich krieche dir in den Hintern, du kriechst mir in den Hintern.«

Die letzten Jahre in Meudon waren schrecklich. Das Gefängnis hatte Louis um den Verstand gebracht. Seither steckte er voller Haß. Er war der Meinung, für andere bezahlt zu haben, und fühlte sich verfolgt. In gewisser Weise wurde er ja auch verfolgt.

Als die ersten Journalisten nach Meudon kamen, um das »Scheusal« zu besichtigen, setzte er noch eins drauf und bot ihnen etwas für ihr Geld. Er spielte eine Rolle, karikierte sich selbst. Die Besucher fielen darauf herein, und er lachte sich ins Fäustchen. Sie wollten Blut sehen, wie in der Löwengrube im alten Rom. Also gab er ihnen, was sie wollten.

Sein rechter Arm bereitete ihm nach wie vor Schwierigkeiten. Er war seit seiner Verwundung im Ersten Weltkrieg verkrüppelt, so daß Louis sich beim Schreiben abmühte und immer den ganzen Unterarm übers Papier schob. Manchmal hatte er Hemmungen, Fremden zur Begrüßung die rechte Hand zu geben, und wenn er ihnen dann die Linke reichte, wurde ihm das oft als Geringschätzung ausgelegt. Zu einer Erklärung hätte sich Louis jedoch nie herabgelassen.

Als er erfuhr, was sich in den Konzentrationslagern tatsächlich abgespielt hatte, war er entsetzt, aber ein: »Dann hätte ich so nicht schreiben dürfen« ist ihm trotzdem nie über die Lippen gekommen. Man hat es ihm nie verziehen, daß er seine Fehler nicht eingestanden hat. Er hat nie gesagt: »Ich habe mich geirrt«, sondern stets beteuert, seine Pamphlete aus den Jahren 1938 und 1939 in pazifistischer Absicht verfaßt zu haben, nichts weiter. Für ihn waren die Juden Kriegstreiber, und er wollte einen Krieg vermeiden. Das ist alles.

Meine Haltung zu seinen drei Pamphleten *Bagatelles pour un massacre* (*Die Judenverschwörung in Frankreich*), *L'École des cadavres* (*Die Schule der Kadaver*) und *Les Beaux Draps* (*Die schönen Leichentücher*) ist heute sehr resolut.

Ich habe jede Neuauflage untersagt und unermüdlich Prozesse gegen all jene angestrengt, die die Stücke, aus mehr oder weniger nachvollziehbaren Gründen, heimlich in Frankreich oder im Ausland verlegt haben.

Die Pamphlete wurden in einem bestimmten historischen Kontext, in einer ganz besonderen Zeit geschrieben und haben Louis und mir nur Unglück gebracht. Heute besitzen sie keine Daseinsberechtigung mehr.

Selbst in unserer Zeit könnten sie aufgrund ihrer literarischen Qualität auf gewisse Gemüter eine unheilvolle Wirkung ausüben, und das wollte ich um jeden Preis vermeiden.

Ich bin mir, langfristig gesehen, meiner Ohnmacht bewußt und sehe es kommen, daß sie früher oder später ganz legal wieder erscheinen werden, aber dann werde ich nicht mehr leben und keinen Einfluß darauf nehmen können.

In den zehn Jahren, die Louis verblieben, wartete er immer zu Hause auf mich, wenn ich nach Paris fuhr. Er wollte über alles, was ich tat, was ich kaufte, informiert werden. Er liebte es, wenn ich ihm von meinen Unterhaltungen mit Taxifahrern erzählte. Das war für ihn das Leben. Und wenn er nach Rennes reiste, wollte er von Maria Le Bannier, der Geliebten seines Schwiegervaters Follet, die eine Klatschbase ersten Ranges war, immer das Neueste aus der Gegend hören. Sie ließ nichts aus, drang bis in die hintersten Ecken und Winkel. Vor dem Krieg waren wir oft nach Saint-Malo gefahren und hatten dort anfangs ein Zimmer bei Maria Le Bannier und später ein anderes unter dem Dach gemietet.

Auch am Montmartre ernährte sich Céline gleichsam von Klatschgeschichten. Sie waren für ihn Ausdruck des prallen Lebens.

In den zwanziger Jahren hatte er in London in der Unterwelt gelebt. Er dachte gern daran zurück und erzählte mir die unglaublichsten Geschichten aus seiner Vergangenheit. Es war wie in einem Schauerroman.

Insbesondere diese hier: Er hatte einen Freund, der beim Paßamt arbeitete und die üble Angewohnheit besaß, sich von seinen Mätressen beschimpfen zu lassen. Eines Tages kommt der Sohn dieses Freundes in voller Uniform auf Urlaub von der Front. Abends besuchen sie zu viert ein im Souterrain gelegenes Restaurant: der Vater, der Sohn, die Geliebte des Vaters und Louis. Während des Essens fängt die Geliebte plötzlich an, den Vater zu beschimpfen, geht zur Treppe, die sich mitten im Raum befindet, und steigt die Stufen hinauf. Da steht der Sohn auf, zieht einen Dolch heraus und ersticht sie. Der Vater und Louis sehen sie blutüberströmt die Treppe hinunterstürzen, wie im Kino. Der Freund hat den Vorfall anschließend vertuscht und seinen Sohn zurück an die Front geschickt.

Noch vor Ausbruch des Ersten Weltkriegs hatte Céline in England Hals über Kopf eine Prostituierte geheiratet. Sie hieß Suzanne Nebout, und nach ihrem sowie Elisabeth Craigs Vorbild schuf er die Figur der Molly in *Reise ans Ende der Nacht.* Die Ehe konnte annuliert werden, weil Louis noch minderjährig war, aber schon damals sehnte er sich nach einem Leben, das so intensiv war wie ein Roman.

Auf den Misthaufen gedeihen die schönsten Blumen, Mist allein beflügelt unsere Kreativität.

Entsprechend glaube ich, daß man sich sehr tief auf die Welt des Schreckens einlassen muß, um sehr hoch aufsteigen zu können.

KAPITEL X

In Paris im Bateau-Bus.
Letzte Augenblicke, letzte Freundschaften.

Und wenn Paris für einen Tag die Farbe Venedigs annähme? Wenn wir nur noch mit dem Boot, an Bord einer stillstehenden Zeit umherreisten?
Für die Dauer eines Augenblicks einen verrückten Traum verwirklichen, die Erde verschmähen, verstohlen einen Strom entlanggleiten, zwischen Flüssigem und Dampf unterwegs sein, sich für einen Fisch halten und sich mit dem Duft der Stille umhüllen.
Am Eiffelturm besteigen wir einen Bateau-Bus.
Wir sind allein an Deck und fahren stromaufwärts zurück bis zur Île Saint-Louis, unserem Ausgangspunkt: ein Bogen aus Himmel und Wasser.

In Meudon arbeitete Céline. Er arbeitete nachts. Ich denke, er hätte sein Werk nicht geschrieben, wenn er nicht wie Proust ein von Schlaflosigkeit geplagter schwerkranker Mann gewesen wäre.

Sein Buch *Normance* oder auch *Märchen für irgendwann* erschien 1954 und war ein kompletter Mißerfolg. Er hatte es Plinius dem Älteren gewidmet, mit dem er sich identifizierte: Plinius war erstickt, als er den Krater des Vesuv aus allzu großer Nähe sehen wollte.

Es war ein unmögliches Buch, aber es entsprach genau dem, was Louis eigentlich schreiben wollte. Die Geschichte trat in den Hintergrund, es beschränkte sich auf reine Emotionen, aufs Wesentliche.

Das Buch wurde nicht verstanden.

Mit *Von einem Schloß zum andern*, das er unmittelbar danach schrieb, knüpfte er als Kronzeuge seiner eigenen Existenz an die Chronik seines Lebens an.

Was er darin erzählt, liegt wie immer auf halbem Weg zwischen Dichtung und Wahrheit. *Von einem Schloß zum andern* wurde ein großer Erfolg.

Ende 1956 stellte Gaston Gallimard Roger Nimier als freien Lektor ein. Zwischen ihm und Céline sprang der Funke sofort über. Nimier war ein charmanter Mensch von erstaunlicher Liebenswürdigkeit und Herzensgüte. Intelligent, brillant, originell – man mußte ihn einfach mögen.

Manchmal übernachtete er sogar in Gastons Büro, und bei der *Nouvelle Revue Française* gab er den Ton an.

Louis, der von ihm sehr angetan war, bedauerte lediglich, daß er sein Talent vergeudete, weil ihm die Dinge allzu leicht fielen und er in seiner Arbeit nicht ausgelastet war.

Im Unterschied zu Paul Morand, der bereits seinen eigenen Stil gefunden hatte, drückte Nimier sich uncharakteristisch aus.

Nimier hielt die Verbindung zwischen Gaston und Céline aufrecht und schenkte Louis eine letzte große Freundschaft.

Er hätte viel für Céline tun können, doch im November 1962 ließ er im Geschwindigkeitsrausch sein Leben.

Beim Anblick seines tollen Rennwagens hatte Céline zu ihm gesagt: »Das wird Ihr Sarg.«

Wenn man zum Märtyrer bestimmt ist, sterben um einen herum all jene, die einem zu Hilfe hätten kommen können.

Drei Menschen haben Céline immer unterstützt: Roger Nimier, der treue, feinfühlige Marcel Aymé und schließlich Paul Morand, der wohlhabende Diplomat, der zwar in einer ganz anderen Welt lebte als Céline, ihn jedoch rundum verstand, wie sich nach Louis' Tod in Morands Äußerungen in *Meine Freude an der Literatur* zeigen sollte: »Nun umgibt ihn, nach der Stille des Lebens, die posthume Stille. Er nährt sich nicht am prallen Busen, womit ich die Kuppel des Pantheons meine. Er ist ein armer Blindenhund, der sich überfahren ließ, sich allein, um seinen gebrechlichen Herrn zu retten, nämlich Frankreich, das sich weiter am Rande des Trottoirs entlangtastet.«

In Meudon erlitt Louis einen leichten Gehirnschlag. Eines Tages warf er all seine Papiere in die Luft und verlor das Bewußtsein. Ich fütterte ihn mehrere Wochen mit einem kleinen Löffel, was nie jemand erfahren hat. Eines Morgens kam er zu sich und nahm seine Arbeit dort wieder auf, wo er sie unterbrochen hatte, als wäre nichts geschehen.

Gegen Ende seines Lebens interessierte er sich brennend für die Geschichte der Katharer und Albigenser. Unermüdlich sammelte er Material über jene Epoche, denn das Ausmaß der Grausamkeiten und die Zahl der Menschen, die, lebendig eingemauert, ihr Leben gelassen hatten, faszinierten ihn. Er erkannte sein eigenes Dasein wieder, eine Existenz zwischen Traum und Alptraum, zwischen Wirklichkeit und Einbildung.

Vor allem nachts, wenn ihm seine Beschwerden eine kleine Verschnaufpause ließen, arbeitete er an dem, was sein letztes Buch werden sollte: *Rigodon.*

Er vergeudete seine letzten Kräfte bei dem Versuch, von seinem Verleger etwas Geld zu bekommen.

Sein Kampf war von Anfang an verloren, und trotzdem rieb er sich darin regelrecht auf.

Gaston gab sich immer honigsüß gegenüber Louis, der ihn ständig anbrüllte, aber natürlich ging alles nach Gastons Kopf.

Ich bin nach wie vor der Meinung, daß Louis noch länger hätte leben können, wenn Gallimard nicht damit gedroht hätte, uns den Geldhahn zuzudrehen. Dadurch hat er Louis gezwungen, pausenlos zu arbeiten. Gaston hat sozusagen die goldene Eier legende Henne getötet.

Mein Leben lang habe ich erfolglos versucht, Célines Charakter zu mildern. Ich habe ihn zur Mäßigung angehalten, habe ihn gewarnt, habe als Puffer zwischen ihm und anderen gedient. Aber das alles hat nichts genutzt.

Man muß dazu sagen, daß auch Louis in gewisser Weise wahnsinnig war.

Seit er die Pamphlete geschrieben hatte, wollte er auf niemanden mehr hören.

Jeder von uns arbeitete für sich: er an seinen Schriften, ich an meiner Tanzlehre.

Céline dachte nicht daran, mich zu ernähren. Er sagte zu mir: »Wenn man kein Geld hat, hat man nicht das Recht, den Mund aufzumachen.« Er wollte, daß ich finanziell unabhängig war, und hätte nie zugelassen, daß ich meine Tanzschule aufgebe.

Nach seinem Tod versetzte mich genau das in die Lage, das Ende des Prozesses, den *Norden* ausgelöst hatte, sowie die Beilegung all der anderen Probleme abzuwarten. Mein Beruf hat mir das Leben gerettet.

KAPITEL XI

Im Auto durch Paris.
Toto und die Vögel im Badezimmer ·
Louis' Tod.

Lucette liebte es über alles, sich in Paris zu verirren. Die Nase im Wind, fuhren wir los. Sie am Steuer eines wunderlichen Autos voller Hundehaare und Parfumzerstäuber, mit denen sie Fun und Roxane durch einen kräftigen Spritzer auf die Schnauze zum Schweigen brachte, wenn die beiden bei einem Halt wieder einmal die Passanten, andere Autos, ein sich bewegendes Blatt oder eine vom Baum fallende Kastanie ankläfften.
Lucette mit der Schirmmütze eines Pariser Straßenjungen, der Sonnenbrille und den blutrot geschminkten Lippen fuhr oft zehnmal um einen Kreisel, bevor sie ihn wieder verließ, einfach weil es ihr Spaß machte, ein paar Runden zu drehen und es dem Zufall zu überlassen, die Richtung vorzugeben.
Dieses bellende, nach Hexenkraut und Lavendel riechende Gefährt mit den klebenden Haaren, die jedes Kleidungsstück in eine Hundedecke verwandelten, zog lange Zeit durch Paris.
Am Seineufer entlang bis zur Île Saint-Louis mit Eis und Kaffee am Wasser, zur Place des Victoires, zur Rue des Petits-Champs, zu den Ursprüngen der Stadt, aber auch zu La Samaritaine und dem »Tout-Paris«, dem Boulevard Saint-Germain und dem Geschäft der CFOC in der Rue du Faubourg-Saint-Honoré, und vor allen Dingen zum Café Verlet, wo sich Lucette mit Kaffee in derben Jutesäcken eindeckte, die sie zu Hause wie magische Teppiche stapelte.
Doch eines Tages setzte sich der Nomadenstamm nicht mehr in Bewegung.
Im Innern ihres rollenden Heims gab sich Lucette gern ihren Erinnerungen hin.

Nachdem Bébert an den Folgen eines Krebsgeschwürs, an dem man ihn bereits in Dänemark operiert hatte, gestorben war, suchte ich nach einem neuen Gefährten für Céline. Ich wollte einen Vogel.

Also kaufte ich im »La Samaritaine« den Papagei Toto, und nach einer ersten verheerenden Begegnung wurden die beiden unzertrennlich.

Toto durfte sich in Louis' Arbeitszimmer frei bewegen. Er pickte an seinen Papieren und Wäscheklammern herum. Er durfte sich alles herausnehmen, und oft hörte ich die beiden in einer Sprache, die nur sie verstanden, miteinander streiten oder reden.

Mein Badezimmer war die reinste Voliere. Ich hatte die Fenster vergittern lassen, und wenn ich ins Kaufhaus »La Samaritaine« ging, brachte ich jedesmal neue Vögel mit. Sie flogen frei herum, bauten Nester und vermehrten sich.

Ich besaß einen Kanarienvogel, der mir aus Wollfusseln kleine Teppiche fabrizierte.

Wenn ich in der Badewanne lag und Zeitung las, bohrten die Vögel ihre Schnäbel ins Papier, um meine Aufmerksamkeit zu erregen. Es war köstlich.

Louis wußte, daß ich mit all den Vögeln unter einem Dach lebte, aber er verlor nie ein Wort darüber.

Ich habe ihm beigebracht, sich mit Tieren zu beschäftigen.

Im Gefängnis lehrte ich ihn, die Vögel an ihrem Gesang zu erkennen, und die Zeit erschien ihm weniger lang, wenn er sich in ihre Betrachtung vertiefte. Es war ein verzaubertes Schauspiel aus der Welt der Lebenden.

Als Louis starb, besaß ich acht Hunde und jede Menge Katzen – neben denen von meiner Mutter, die ich allerdings von den anderen fernhalten mußte, weil sie boshaft waren und sich ständig balgten. Seit unserem Umzug nach Meudon im Jahr 1951 hatte ich insgesamt fünfzig Hunde. Die Katzen zähle ich lieber gar nicht erst. Ich nahm alle streunenden Tiere auf und kochte ihnen eine Art Ragout. Katzen, Hunde, Vögel – bei mir lebten sie alle in Freiheit und vertrugen sich mehr recht als schlecht.

Vor Jahren gab es hier auch eine Henne. Sie legte jeden Tag in einem Bidet hinten im Garten ein Ei und feierte ihre Großtat mit lautem Gackern, was unweigerlich einen der Hunde anlockte, der das Ei fraß.

Während ihres ganzen Hennenlebens lief das so. Es war wie in einem Film von Fellini.

Bis vor kurzem hatte ich eine Schildkröte namens »Petite Maman«, die Kirschen liebte und die Kerne ausspuckte.

In meinem Garten gibt es eine Eule und mehrere Nachtigallen, auf deren Rückkehr ich jedes Jahr lauere.

Meine eigenen Vögel unterscheide ich an ihrem Gesang. Ich liebe Rotkehlchen, diese kleinen gedrungenen Kerlchen mit dem roten Latz, die ihr Nest immer dicht über dem Boden bauen – sehr zur Freude der Katzen.

Aber meine Lieblingsvögel sind und bleiben die Harzer Roller. Diese ursprünglich im Harz gezüchteten Finkenvögel spanischer Abstammung, übten schon bei den Tiroler Bergleuten und Flickschustern das Singen, und ihre Melodie ist das Schönste, was es auf dieser Welt gibt.

1959 hörte Louis endgültig auf, als Arzt zu praktizieren, und von da an verschlechterte sich seine ohnehin angeschlagene Gesundheit noch mehr. Nachts diktierte er mir Passagen von *Rigodon*. Anschließend ließ ich ihn allein, denn wir schliefen nicht mehr im selben Zimmer, aber ich sorgte mich und sah stündlich nach ihm. Er hatte nicht mehr lange zu leben. Nur eins lag ihm noch am Herzen: *Rigodon* zu beenden.

Am 30. Juni 1961 setzte er das Wort *fin* unter die letzte Seite und schrieb einen Brief an Gaston, in dem er ihn um einen neuen Vertrag bat.

Tags darauf war er tot.

Delphine, die Hündin, die wir damals hatten, wartete monatelang zu Füßen seines Sessels in der Diele auf ihn.

KAPITEL XII

Das Café auf der Île Saint-Louis.
Das Leben geht weiter.

Île Saint-Louis. Das Café »Le Flore en l'île«.
Lucette kommt immer wieder hierher. Zum Plätschern an den Ufern, zu den Ursprüngen.
Eine Pause, ein Innehalten im Leben, wie um Atem zu schöpfen.
Dort, vor unseren Augen, hinter der Glasscheibe, der Pont Saint-Louis. Genau der Ort, an dem die Zigeunerin einst riet, das kleine Kind, das Lucette damals war, ins Wasser zu werfen.
Wie jedesmal bestellen wir einen widerlich süßen Eiskaffee.
Wir haben eine Schwäche für Dinge, die uns schlecht bekommen.
Ein Augenblick reiner Leichtigkeit. Mit Wasser gesättigte Wolken, eine graue, regengetränkte Sonne, die reglose Seine und Lucettes Stimme – wie ein vergessener Duft, der die Zeit stillstehen läßt.

Die Journalisten waren schon seit Tagen da. Auch sie lagen auf der Lauer. Einige hockten in den Bäumen. Sie sahen, daß ich die Fensterläden geschlossen ließ, und dachten, daß es mit Louis wohl schon vorbei wäre. Ich war allein, mutterseelenallein.

Die Nacht nach seinem Tod verbrachte ich oben, um die endgültige Fassung von *Rigodon* auf ein kleines Tonbandgerät zu sprechen. Ich wollte den fertigen Text in irgendeiner Form aufbewahren. Louis schrieb ja immer so viele verschiedene Versionen, bis er endlich zuwege brachte, was ihm vorschwebte, daß ich die letzte Fassung unbedingt festhalten mußte.

Er hatte die Wirkung seiner Formulierungen stets an mir ausprobiert und mir das soeben Geschriebene laut vorgelesen. Ich war bei seiner Arbeit die einzige Zuhörerin, und noch jetzt klingt die jazzige Melodie seiner Sätze in meinen Ohren nach. Nur Luchini hat es verstanden, sie nachzuempfinden. Er ist wie ein Destillierkolben, der mit Alkohol gefüllt wird und aus dem Calvados herauskommt. Er saugt Louis' Literatur in sich auf und destilliert daraus den Nektar.

Wie ein Wortzerpflücker seziert er einen Text, um dem Kadaver sodann neues Leben einzuhauchen.

Was er macht, ist sehr selten.

Am Tag nach Célines Ableben ging alles Schlag auf Schlag. Die Journalisten verpaßten die Beerdigung, weil sie nicht auf dem laufenden waren. Nur der engste Kreis war anwesend: Marcel Aymé, Gaston Gallimard und sein Sohn Claude, Roger Nimier und Marie Canavaggia mit einem Kirschenhut. Gaston kannte sie nicht und erfuhr von Nimier, daß sie Célines Vertraute war. Bereits am nächsten Tag erschienen Nimier und Canavaggia in Gallimards Auftrag, um einen Schiffskoffer zu holen, der Célines letzte Manuskripte enthielt.

Meine Mutter, die sich einbildete, sie könne jetzt bei mir einziehen und Célines Geld beim Glücksspiel verjubeln, war ebenfalls da und auch Louis' Familie, die sich so gräßlich benommen hatte, natürlich auch seine Tochter, die mich aus meinem eigenen Haus werfen wollte und es fast geschafft hätte. Denn wäre der Notar nicht gewesen, wäre ich gegangen.

Ich wollte sterben. Nichts war mehr wie zuvor, und auch ich selbst war wie tot.

Trotzdem gab ich wie eine Schlafwandlerin weiter Ballettunterricht. Ich arbeitete wie eine Verrückte Tag und Nacht.

Und ich fing wie eine Wahnsinnige an zu rauchen, manchmal mehrere Zigaretten gleichzeitig.

Ich bin schon immer ein radikaler Mensch gewesen, und was ich tue, tue ich gründlich.

Als ich mir beispielsweise von einem Hund, den ich nicht einmal kannte, die Krätze einfing, erwischte es mich besonders heftig.

Und als ich mir eines Tages, wie ich es gern tat, einen kleinen Wermut genehmigte, merkte ich, daß ich nie wieder davon lassen könnte, wenn ich nicht augenblicklich damit aufhörte. Er schmeckte bitter, aber genau das liebte ich. Das Wermuttrinken hatte ich mir in Lissabon angewöhnt. Also hörte ich schlagartig auf – wie mit dem Rauchen.

Ich kann einfach keine halben Sachen machen, und Louis sagte einmal zu mir: »Zum Glück warst du nie im Bordell.«

Hätte ich zu spielen angefangen, wäre ich dem Spiel verfallen wie meine Mutter.

Nach Célines Tod kamen sie alle wie die Bienen, um sich Nektar zu holen, und schwirrten wieder ab.

Ich habe mich mein Leben lang ausnutzen lassen, wahrscheinlich weil meine Mutter das schon immer getan und mich dadurch verdorben hatte.

Später konnte ich mich nicht mehr ändern. Louis sagte manchmal zu mir: »Du bist ein dummes Huhn, du bist dafür gemacht, dich rupfen zu lassen.«

Und Marcel Aymé fragte mich: »Lucette, wann bringen Sie es endlich einmal fertig, nein zu sagen?«

Durch Louis habe ich viel von meiner Naivität verloren. So wie ihm früher, geht es auch mir inzwischen manchmal so, daß ich bekleidete Menschen splitternackt vor mir sehe. Dieser extreme Scharfblick, der wie eine ätzende Säure ist, erlaubt es mir, die Verschlagenheit und das doppelte Spiel vieler Menschen zu durchschauen.

Allerdings bringe ich es nach wie vor nicht über mich, ihnen das ins Gesicht zu sagen, sondern ich tue so, als wäre nichts. Das ist meine Schwäche, meine Feigheit.

Heute komme ich mir vor wie eine Schindmähre in Afrika. Alles zerrt an mir, um ein Stück Fleisch zu ergattern, aber noch lebt das Tier.

Nichts im Leben hat mir so viel Spaß gemacht, wie im Meer zu baden und gegen die Wellen zu kämpfen.

Vielleicht doch noch etwas anderes, nämlich unendlich oft eine bestimmte Bewegung zu wiederholen, bis sie richtig sitzt. Das ist dasselbe: ein Kampf, den man gegen den Körper gewinnt.

Nach meiner Knieoperation konnte ich meine Gelenkigkeit durch meine Übungen vollkommen zurückgewinnen, und ich triumphierte regelrecht, als der Chirurg zu mir sagte: »Wenn ich nicht eigenhändig eine Kniescheibe aus Plastik in Ihr Bein eingesetzt hätte, würde ich meinen, es sei Ihr echtes Knie.« Das war ein bißchen wie ein Sieg des Geistes über die Materie.

Aus demselben Grund liebe ich die Malerei Bonnards so sehr. Die Beschaffenheit des Lichts, von dem seine Gemälde durchdrungen sind, ist einmalig. Ich denke dabei vor allem an *Nu sombre*, wo eine so strahlende und gleichzeitig so subtile Klarheit herrscht, daß sie sogar die Umrisse eines Arms auflöst und dadurch den ganzen Körper der nackten Frau mit einem irisierenden, immateriellen Schimmer überzieht, der ihr etwas Übersinnliches verleiht.

Ich denke, alles im Leben ist kompliziert und will gelernt sein. Irgendwann habe ich die Memoiren der Lieblingsmätressen einiger Könige gelesen. Die Schwierigkeit für sie lag nicht etwa darin, Gefallen zu finden. Wenn man jung und schön ist, hat man die Qual der Wahl. Die eigentliche Leistung war es, Bestand zu haben. Das ist eine Kunst, die man regelrecht erlernen muß.

Um zu beurteilen, ob das Leben eines Menschen glücklich war oder nicht, muß man es in seiner Gesamtheit betrachten, also bis zum Ende. Meins besteht aus tausend Stücken, die ich nicht mehr zusammenzutragen vermag. Dazu bin ich zu alt.

Mit sechsundachtzig Jahren kam ich mir unter anderen Menschen wie ein Baby vor. Im Greisenalter wird man wieder zum Kind und wie ein solches behandelt.

Wenn ich im Bett liege, langweile ich mich nicht etwa. Dann gehe ich in Gedanken auf Reisen. Bilder tauchen auf und verschwinden wieder.

Louis hat einmal zu mir gesagt: »Dich werden alle Frauen hassen.« Und es stimmte: Alle Frauen in seinem Leben haben mich gehaßt.

Marie Bell, die ich lange vor Céline auf dem Konservatorium kennengelernt hatte, konnte mich nicht leiden. Ich sollte mir damals neue Schritte ausdenken. Sie weigerte sich als einzige, sie auszuführen.

Marie Canavaggia war in Louis verliebt und mochte mich auch nicht.

Karen, die dänische Tänzerin, die uns in Kopenhagen bei sich aufnahm, warf mich hinaus, als Céline ins Gefängnis kam.

Évelyne Pollet, eine junge belgische Schriftstellerin, die ihre Affäre mit Louis in ihrem Roman *L'Escalier* erzählt, konnte mich nicht ausstehen.

»Alle Frauen werden eifersüchtig auf dich sein«, sagte Louis zu mir.

Auch Arletty mißtraute mir. Nur war sie raffinierter und durchtriebener als die anderen und kaschierte es besser. Nach Louis' Tod traf ich mich häufig mit ihr. Sie nannte mich ihren »kleinen Vermeer«, küßte mir die Hände und behauptete, mich abgöttisch zu lieben.

Ich erinnere mich an ein Abendessen, zu dem sie nicht gehen wollte. Sie trug mir auf, mich in ihrem Namen nach der Hausherrin zu erkundigen. Ich war so naiv und tat es. Jene Frau hatte sich im Vorjahr das Leben genommen, zweifellos wegen Arletty.

Auch mit Lili Dubuffet unternahm ich viel. Sie war eine drollige, sehr witzige kleine Person, mit der ich mich gut verstand. Lili war keine Genießerin, sondern eine Verschwenderin. Geld interessierte sie nicht, und sie hortete Pelze und andere Luxusartikel, ohne jedoch jemals etwas zu verschenken. Sie und ihr Mann waren ein richtig treues und zugleich sinnenfrohes Pärchen. Dubuffet hatte sie 1945 als Modell kennengelernt, und obwohl sie damals beide verheiratet waren, gaben sie alles füreinander auf und setzten zusammen eine Tochter in die Welt.

Oft küßten sie sich vor meinen Augen. Es waren die Küsse von Verliebten, innige Zungenküsse, die jedesmal in eine Turtelei mündeten. Er war alt und gebrochen, aber das spielte keine Rolle, denn sie liebten sich.

Lili verhielt sich ihm gegenüber wie eine launische Göre, krittelte an seinen Bildern herum und nahm ihn nicht ernst.

Sie durfte sich alles erlauben. Und ich war zu Lilis Zerstreuung da, das ist alles.

Dubuffet hielt sich selbst und Céline für die größten Genies des Jahrhunderts. Louis dagegen hat in ihm immer nur den Spaßvogel gesehen, doch das war Dubuffet egal.

Dubuffet verabscheute Schmeichler, und deshalb nahm ich bei ihm nie ein Blatt vor den Mund. Er raubte den Verrückten ihre Seele, indem er sich von ihren Zeichnungen inspirieren ließ, und er wollte auch mich immer zum Zeichnen anhalten.

Mit fünfundvierzig krempelte er sein Leben völlig um. Er überlegte sich alles reiflich, nahm die Dinge in die Hand und überließ nichts dem Zufall. Bis zu seinem fünfzigsten Lebensjahr arbeitete er wie Toulouse-Lautrec, danach stürzte er sich ins Abenteuer des »Art brut«.

Céline mochte hysterische Frauen nicht. Ich war eine getreue Seele. Dabei konnte alles von heute auf morgen vorbei sein – durch sein Zutun, niemals durch meines.

Unlängst lernte ich Mouloudji flüchtig kennen und war von ihm sehr angetan.

Der Kabyle mit den betörenden Samtaugen liebte Frauen und Katzen, deren Anmut und unaufdringliches Zartgefühl er besaß. Er war ein wahres Emotionsbündel und fing selbst die feinsten Schwingungen in der Luft auf. Nach unserer Begegnung ging er zu schnell fort, und heute fehlt er mir.

Gleich nach Célines Tod schloß ich mich oben im Zimmer ein: Ich wollte nicht mehr leben, wartete, sehnte den Tod herbei. Roger Nimier besuchte mich mit seinem Sohn, der damals zwei oder drei Jahre alt war. Er drückte ihn mir wortlos in die Arme. Das war ein sehr bewegender Moment. Ich reagierte sofort darauf und begriff, daß ich kämpfen mußte.

Louis hatte mich gewählt, damit er durch mich weiterlebte. Da seine Tochter das Erbe ausgeschlagen hatte, ließ ich *Rigodon* abschreiben und kümmerte mich um die Veröffentlichung. Damien, der Bürgermeister von Versailles, hatte vor, das Buch als Fortsetzungsroman im Lokalblatt abdrucken zu lassen. Das kam für mich nicht in Frage, und so setzte ich mich unverzüglich mit Gaston Gallimard in Verbindung, der mich aufsuchte, um die Angelegenheit mit mir zu besprechen. Ich wehrte mich gegen die Konditionen, die mir sein Sohn Claude anbot. Und ich stand den Prozeß, den man wegen *Norden* angestrengt hatte, und das ganze Drumherum durch und gewann ihn. Das verdanke ich meinem Ballettunterricht, der mir in der Zwischenzeit den Lebensunterhalt sicherte.

Allein hätte ich das wohl nicht geschafft.

Ich hatte Damien, der zudem Anwalt war, um Hilfe

gebeten. Ihm wurde jedoch alles schon bald zuviel, und deshalb stellte er mir eines Tages einen schüchternen, verschwiegenen jungen Mann vor, der für ihn einspringen sollte.

So lernte ich im Juli 1962 François Gibault kennen ...

Er meisterte sein Leben, und zwar an der Seite seines Freundes Bob, eines Opern- und Reisefans.

Bob hatte in Auftreten und Temperament etwas Preußisches, und ich konnte ihn mir gut als wilden Krieger vorstellen, der in der eisigen Steppe Bären mit bloßen Händen erlegte.

In jüngeren Jahren hatte er Priester werden wollen und war ins Seminar eingetreten.

Wir machten uns also zu dritt auf und zogen durch die Welt.

Den beiden habe ich es zu verdanken, daß ich ins Leben zurückgefunden habe.

Mit zweiundfünfzig Jahren machte ich sogar noch den Führerschein. Der theoretische Teil der Prüfung fiel mir am schwersten.

Danach stieg ich wirklich in die Löwengrube hinab, diesmal allein. Mein Leben widmete ich fortan der Verteidigung Célines. Das war mein großer, mein einziger Antrieb.

Heute fühle ich mich wie ein Auto, das keinen Motor mehr hat. Es ist nur noch die Karosserie übrig. Ich hätte nicht gedacht, daß Sterben so langwierig ist.

»Für Lucette Almanzor, an der Schwelle zum Leben noch so geheimnisvoll.« Diese erste und zugleich einzige Widmung von Louis in einem Exemplar von *Reise ans Ende der Nacht* versetzt mir einen Stich.

Heute habe ich kein Geheimnis mehr und auch keinerlei Selbständigkeit, denn ein Trupp von Pflegern wacht Tag und Nacht über mich.

Alle Welt kommentiert sogar meine geringsten Handlungen und Gesten. Ich fühle mich, als wäre ich wieder im Gefängnis.

Selbst meine Hunde schleichen geduckt herum, und mir kommt es so vor, als wimmele es im Haus von Gendarmen, die mir alles verbieten.

Ich kann mich immer weniger unter Menschen blikken lassen, und schon bald werde ich wie Sarah Bernhardt meinen Sarg erhalten. Das Grab ist bereitet – wie im Altertum.

Ich bin nur noch ein armseliges Etwas, aus dem das Leben Tropfen für Tropfen heraussickert. Bald ist nichts mehr übrig, das ist normal.

Offenbar verläßt, wenn man tot ist, die Seele den Körper. Falls es ein Danach gibt, so kann man es sich jetzt noch nicht vorstellen, aber vielleicht ...

Der Schock, den mir der Besuch von Célines Enkel, dem vollkommen betrunkenen, aggressiven Jean-Marie Turpin, versetzt hat, war wie ein Fausthieb, von dem ich mich nicht mehr erholen werde.

Diese Familie war so gemein zu mir.

Mittlerweile gehe ich nicht mehr aus dem Haus; ich gehöre sozusagen der Vergangenheit an, aber wenigstens muß ich jetzt nicht mehr kämpfen, und ich spüre, wie ich zur Ruhe komme.

Meine Freunde sind da, die Treuen.

Alles, was man über Céline sagt, ist wie Graffiti auf einer Mauer. Aber das Gebäude steht – unerschütterlich.

Für immer.

»Schau an, da ist ja mein kleines Wunder, meine Herzallerliebste, mein Ariel.« Noch heute begrüßt mich Lucette und spricht mit mir wie früher.

Ich sehe sie an.

Sie hat noch immer diese Augen, gesprenkelt wie die Eier einer Drossel, diese vom Kummer gezeichnete Haut und das von aschgrauen Strähnen durchzogene honigfarbene Haar einer Gorgo.

Sie ist Fee, Hexe und Talisman in einem.

Nun trachtet sie danach, sich langsam vom Antlitz der Erde zu tilgen, streift Lebewesen wie Dinge nur mehr flüchtig, paßt sich allem an. Sie ist so geschmeidig wie ein Handschuh.

Noch ist sie am Leben.

NACHWORT

von Franziska Meier

Als der schmale Band *Céline secret (Mein Leben mit Céline)* von Lucette Destouches im Frühjahr 2001 erschien, war das in Frankreich ein Ereignis. Seit den sechziger Jahren hatten Verlage und Redaktionen versucht, Célines Ehefrau zum Sprechen zu bringen. Vergeblich. Erst im hohen Alter öffnete sie sich überraschend gegenüber ihrer früheren Tanzschülerin und Freundin Véronique Robert und gewährte nach Erscheinen des Buches der Wochenzeitschrift *L'Express* sogar ein Interview. Und Frankreich lauschte begierig den Worten der bizarren alten Dame, die ein Vierteljahrhundert lang Céline begleitet, ihm in den langen Jahren der Not und Ächtung beigestanden hatte und heute inmitten von Tieren lebt.

Es ist bemerkenswert – und wäre noch vor zehn Jahren unvorstellbar gewesen –, wie freundlich, beinah kritiklos Madame Célines Verharmlosung der antisemitischen Pamphlete Célines von der französischen Presse aufgenommen wurde. Ihre impressionistischen Erinnerungen an die schwarzen Jahre der Okkupation entfesselten keinen Protest, keine Tiraden mehr gegen den »Nestbeschmutzer«, den »Verräter« Céline. Zwar wird in den Rezensionen zu *Céline secret* sein Rassismus noch erwähnt, aber eher beiläufig, als etwas, das sich menschlichem Verstehen entzieht oder das man besser auf sich beruhen läßt, wie es 1950 ja schon Henry Miller empfahl: »The world can well afford to overlook the ›mistakes‹ (if such they were) of a few eminent men who have contributed so much to our culture.« Vierzig Jahre nach Célines Tod 1961 scheint Frankreich Frieden mit diesem großen Dichter des 20. Jahrhunderts geschlossen zu haben. Im Pantheon steht er gleich neben dem von ihm als Vertreter des dekadenten, »verjudeten« Frankreichs verunglimpften Marcel Proust, mit dem ihn auch seine Frau Lucette pikanterweise vergleicht.

Allein, kann man wirklich mit einem Autor wie Céline Frieden schließen, zu dessen Eigenheiten die Provokation, die Lust zu verstören zählen? Wird man seiner Komplexität dann noch gerecht? Lassen sich die drei zwischen 1937 und 1941 entstandenen antisemitischen Pamphlete tatsächlich so glatt vom literarischen Œuvre trennen und ausblenden? Immerhin machen sie ungefähr ein Fünftel seines Werkes aus, tragen das Markenzeichen seines Stils und enthalten wesentliche dichtungstheoretische Bemerkungen, ganz zu schweigen davon, daß sie Célines Schicksal und sein stark autobiographisch ausgerichtetes Spätwerk prägten. Die Reaktionen auf *Céline secret* drängen jedenfalls den Schluß auf, daß Madame Céline mit ihrer in den sechziger Jahren getroffenen Entscheidung, jeden Nachdruck der

Pamphlete zu verbieten, endlich ihr Ziel erreicht hat: Céline ist im 21. Jahrhundert zwar nicht von seinen Schandmalen reingewaschen, aber sie verunstalten ihn kaum noch. Oder anders: Er erscheint heute nicht mehr als »the crippled giant«, als den ihn der amerikanische Literaturwissenschaftler Milton Hindus nach dem Krieg bezeichnete, sondern als – beinahe – unangefochtenes Sprachgenie.

Doch der ehrt den Dichter Céline nicht, der ihn seiner wichtigsten Eigenart, der Zerrissenheit nämlich, entkleidet. Am eindringlichsten läßt sich diese ihm eigene Widersprüchlichkeit vielleicht an den vier Bestandteilen seines Namens: Louis-Ferdinand Céline, eigentlich Destouches, und an deren Verhältnis zueinander illustrieren. Da ist zunächst einmal der reale Mensch namens Destouches: ein auf Hygiene spezialisierter Mediziner, der von 1924 bis 1927 für den Genfer Völkerbund arbeitete und sich danach für die Armen der Pariser Banlieue aufopferungsvoll einsetzte – vor allem Kollegen haben seine Tätigkeit als Arzt mehrfach gelobt, zu der sich Lucette merkwürdigerweise eher abfällig äußert. Da gibt es sodann Louis, wie ihn seine Freunde und Frauen nannten: ein mitreißender Erzähler, bei dessen Geschichten sich die Zuhörer vor Lachen bogen, und ein gutaussehender, großgewachsener und eleganter Herr, der Céline tatsächlich war, bis er im Laufe des Zweiten Weltkriegs äußerlich verkam.

In den Schatten gedrängt werden die Namen Destouches und Louis indes von dem Pseudonym Céline, unter dem 1932 der erste Roman *Voyage au bout de la nuit* (*Reise ans Ende der Nacht*; 2003 erstmals in vollständiger deutscher Übersetzung) erschien und dann auch alle weiteren. Ausgewählt wurde es nach dem Vorbild erfolgreicher Schriftstellerinnen wie Colette, gedacht war es aber wohl auch als Hommage an seine Großmutter Céline und mehr noch an seine Mutter Marguerite Céline, eine Spitzenklöpplerin, mit deren feiner Arbeit er seine Dichtung oft verglichen hat. Für den Leser verbindet sich mit dem Namen Céline eine unerhört schwarze Sicht auf eine degenerierte Menschheit und vor allem die konsequente Einführung des gesprochenen Französisch in die Literatur, oder die radikale Erneuerung des französischen Romans. Übrigens wurde Céline so sehr – und letztlich einseitig – mit diesem von vielen als vulgär und unflätig empfundenen Französisch identifiziert, daß Journalisten aus allen Wolken fielen, als sie den Docteur Destouches, dem sie heimlich in der Poliklinik aufgelauert hatten, ein gepflegtes Französisch sprechen hörten. Erst allmählich wurde klar, daß Célines Stil auf einer höchst kunstvollen Bearbeitung des gesprochenen Französisch beruhte, das mit Ausdrücken aus dem Argot oder Slang lediglich versetzt war.

Den Vornamen Ferdinand schließlich trägt die Figur, die das Monument Céline unterhöhlt: eine Art Mr. Hyde. In *Bagatelles pour un massacre* teilt ein Ferdinand unvermittelt Freunden seinen Entschluß mit, Antisemit zu werden. Auf fast vierhundert langen Seiten wuchert daraufhin ein haßerfülltes Delirium von der »Weltverschwörung« der Juden und Freimaurer, dem zwei Freunde (ein »arischer« und ein »jüdischer«) bald amüsiert, bald verärgert über die Wiederholungen, bald alarmiert folgen, denn sie fürchten schon, Ferdinand habe den Verstand verloren. Mit der Wahl des Namens Ferdinand läßt Céline im übrigen den Protagonisten seiner Pamphlete in die Fußstapfen des verhaßten Vaters

Fernand treten, dessen wilde Ausbrüche gegen die Juden und Freimaurer aus der Zeit der *Affaire Dreyfus* er ein Jahr zuvor noch – 1936 in *Mort à crédit* (*Tod auf Kredit*) – als verbohrt, irrsinnig und lächerlich bloßstellte.

Die vier Bestandteile des Namens und die mit ihnen verknüpften Persönlichkeiten sind schwerlich in ein Verhältnis zu bringen. Denn welche Gemeinsamkeit könnte bestehen zwischen dem selbstlosen Armenarzt, der 1940 Juden mit medizinischen Attesten behilflich gewesen sein soll, und Ferdinand, dem Fürsprecher eines rassistischen Antisemitismus, der nach Hannah Arendts Auffassung in *Bagatelles pour un massacre* sogar zum regelrechten Massaker an den Juden aufforderte? Und was mochte Céline, in dessen avantgardistische Romane rassistisches Denken allenfalls hineinzudenken ist, mit dem reaktionären Ferdinand verbinden? Gleichwohl sind gegen Ende des Zweiten Weltkriegs alle vier Figuren unter dem Namen »Céline« in Leben und Werk zusammengewachsen. Der ›delirierende‹ Ferdinand riß den witzigen Louis, den aufopferungsvollen Destouches, ja selbst das Sprachgenie Céline, dessen bewußt unklassischen Stil sich unter anderen Jean-Paul Sartre, Raymond Queneau und die Gruppe um *Tel Quel* zum Vorbild nahmen, mit sich in die gesellschaftliche Ächtung. Aus dem Wahn der dreißiger Jahre wurde eine selbstverschuldete gerichtliche und öffentliche Verfolgung, eine »Weltverschwörung«, als deren unverstandenes Opfer sich der zum Clochard heruntergekommene Céline begriff und stilisierte.

Vom Anfang seiner künstlerischen Laufbahn an liebte es Céline, mit den Facetten seiner widersprüchlichen Persönlichkeit zu spielen und sich selbst mit Legenden zu umgeben. Nach und nach mußte er freilich erleben, wie sich seine Einbildungen – ganz ähnlich wie bei seinen ersten Romanfiguren – verselbständigten und sein Leben zu einer célinesken Reise ans Ende der Nacht verkehrten, auf der ihm nur wenige folgten, ja folgen konnten – mit manchmal schlimmen Konsequenzen, die Lucette noch heute auf das böse Genie ihres Mannes zurückführt. Einige begleiteten ihn vorübergehend: wie der bizarre Montmartre-Maler Gen Paul, der den Freund 1945 als Denunzianten beschuldigen sollte, oder der drogensüchtige, wandlungsbesessene Mime und Radiosprecher Robert Le Vigan, der nach dem Krieg nach Argentinien auswanderte, oder auch Roger Nimier, der vielversprechende Schriftsteller und brillante junge Verlagslektor von Gallimard, der sich nach 1945 für Célines Comeback einsetzte; er kam, wie Lucette meint: zwangsläufig, bei einem Autounfall ein Jahr nach dem Meister ums Leben. Zwei Wesen – die beiden Lichtblicke in Célines Apokalypse – wichen dagegen nie von seiner Seite: der Kater Bébert, der schließlich einer bösartigen Geschwulst erlag, und Lucette eben, die still und tapfer das Leid trug, das ihr Mann über sie brachte.

Wie es zum Antisemitismus Célines kam, das bleibt ein Rätsel. Vergebens sucht man nach einem Auslöser, einem konkreten traumatisierenden Erlebnis, etwa in seiner, also Destouches' beruflicher Laufbahn unter dem Vorgesetzten Dr. Rajchmann in Genf oder in der Liebesgeschichte mit der Amerikanerin Elizabeth Craig, die 1933 in ihre Heimat zurückging und einen jüdischen Landsmann heiratete. Aufschlußreicher ist dagegen die These des Céline-Forschers Philippe Alméras, der auch Lucette beipflichtet, Célines Antisemitismus liege in dem der Zeit, im Zeitgeist der zwanziger und dreißiger Jahre, begründet. Aber auch diese These will nicht recht einleuchten. Denn sofern die Verschwörungstheorien des Vaters, wie sie zur Zeit der *Affaire Dreyfus* allgemein verbreitet waren, Céline als Kind prägten, warum entlarvt er sie dann in *Mort à crédit* als fanatisch und lächerlich? Und warum taucht in den Romanen nirgends das Schlagwort der »Verjudung« als Erklärung für den Niedergang Frankreichs auf, ja warum erscheint jedem Leser der Gedanke einer rassistischen Gesinnung des Autors als abwegig?

Überdies macht Alméras' These nicht begreiflich, weshalb Céline keineswegs dem religiös motivierten Antisemitismus anhing, wie er in Frankreich damals vorherrschte und durch den sozialen Neid auf den Erfolg jüdischer Mitbürger verschärft wurde, sondern vielmehr – als einer der ganz wenigen Franzosen – einem biologisch begründeten Judenhaß, wie ihn die Nazis propagierten. Céline ist nicht bloß das Wachs gewesen, in das sich eine Zeitströmung einprägte. Sein Antisemitismus beruht vielmehr auf einem eigenständigen Gebräu aus damals kursierenden Vorurteilen und vieldiskutierten anthropologischen wie medizinischen Theorien. Stark scheint ihn zum Beispiel die These Gobineaus von der Ungleichheit der Rassen beschäftigt zu haben; zudem sah er wohl seine fixe Idee von der Rassenreinheit als Mittel gegen die fortschreitende westliche Dekadenz Europas – der großen Frage im Frankreich zwischen den Weltkriegen – bestätigt durch die in ganz Europa und über die politisch-ideologischen Grenzen hinweg verbreiteten Anstrengungen um Hygiene und Verhütung von Erbkrankheiten, um die Stärkung der Volksgesundheit. Anders als die Nazis zog Céline jedoch in seinen Pamphleten die extreme Konsequenz der »Judenvernichtung« nicht. Wenn darin von einem Massaker die Rede ist, so nicht von einem an Juden, sondern umgekehrt von einem, das die Juden unter den Franzosen und Ariern anrichten wollten, indem sie sie in den Zweiten Weltkrieg trieben.

An Grobheit und Gemeinheit stehen Célines Pamphlete den Hetzschriften eines Julius Streicher nicht nach. Und doch unterscheiden sie sich, allein schon sprachlich, deutlich von ihnen; deshalb stießen sie wohl auch im Dritten Reich auf so wenig Gegenliebe. *Bagatelles pour un massacre* wurde zwar sogleich übersetzt, aber in einer stark gekürzten und überarbeiteten Fassung, die den bezeichnenden primitiv grellen Titel *Judenverschwörung in Frankreich* trägt. Den Hellhörigeren unter den Nazis war nicht geheuer, wie verzerrt und übersteigert Céline darin die üblichen antisemitischen Klischees einbrachte, so daß sie – unfreiwillig? – komisch wirkten und den Antisemitismus, wie André Gide es 1937 auch schrieb, eher ad absurdum führten als beförderten. Insofern ist Gides Reaktion nicht unbedingt ein Indiz für den in Frankreich tiefverwurzelten Antisemitismus, wie Hannah Arendt meint, sondern weit mehr für die seltsame Beschaffenheit dieser Hetzschrift à la Céline, die obendrein etliche Ballettskizzen zieren. Noch heute wird mancher schmerzlich auflachen, wenn er die grotesken Ineinssetzungen der »Juden« mit »Negern«, »Engländern« und »Asiaten« oder die sprühenden, in den Wortanhäufungen irrwitzigen Schimpfkaskaden liest. Noch dazu macht sich in Ferdinands Gesprächen mit den erwähnten zwei Freunden und in den Kommentaren zu seinem Judenhaß eine gewisse Selbstdistanz, ja Selbstironie bemerkbar, aufgrund derer mancher Literaturwissenschaftler heute geneigt ist, in den Pamphleten rein ästhetische Gebilde zu sehen, in denen der Sprachkünstler Céline die Grenzen seines Vokabulars ein Stück weiter ins Horrible hinausschiebt.

Weitaus problematischer stellt sich der Fall Céline dar, wenn man die Reaktion des Schriftstellers auf die nationalsozialistische Verfolgung der Juden berücksichtigt. Da ist zum einen das Zeugnis der österreichischen Ärztin Anny Angel, der Céline um 1936 alle Hilfe, sogar seine Wohnung in Paris, anbot, falls sie emigrieren müsse; zum andern der merkwürdige Brief an Cillie Pam vom 21. Februar 1939, in dem er ihr sehr anteilnehmend auf die Nachricht vom Tod ihres Mannes im KZ Dachau und ihrer eigenen Emigration antwortet; dann aber hinzufügt, seine »kleinen Dramen« seien zwar nichts im Vergleich zu den ihren, aber die Tragödie deute sich auch bei ihm schon an: »Vous voyez que les Juifs aussi persécutent ... hélas.« (Sie sehen, auch die Juden verfolgen ... leider.) Hätte Lucette also recht, daß ihr Mann von der Wirklichkeit um sich herum nichts wahrgenommen hat? Oder war inzwischen seine Paranoia so groß, daß er darüber jede Verhältnismäßigkeit übersah?

Darüber hinaus sind da die – verglichen mit den Pamphleten – schlimmeren »offenen Briefe« aus den Jahren der Okkupation an kollaborierende Zeitungen, und zwar an die der schlimmsten Sorte wie *Je suis partout* oder *Au Pilori*, die nicht einmal vor Denunziationen zurückschreckten. An *Je suis partout* etwa schrieb Céline im Juni 1942 über den mangelnden Sinn der Franzosen für die Gefährdung der bretonisch-keltischen Rasse durch die schleichende ›Verjudung‹. Anschließend heißt es apodiktisch: »50 000 étoiles jaunes n'y changeront rien. La France entière pour un peu, plus dreyfusarde que jamais, par sympathie si chrétienne, arborerait avec fierté le signe judaïque.« (50 000 Judensterne werden daran nichts ändern. Fast würde ganz Frankreich, mehr dreyfusard denn je, aus christlichem Mitleid, voller Stolz das jüdische Zeichen hissen.) Das heißt, zu einer Zeit, als sich in Frankreich viele über die gerade eingeführten Judensterne auf den Straßen entsetzten, kritisierte Céline die Maßnahmen der Nazis als unzureichend.

Und was ist schließlich von Ernst Jüngers Zeugnis im ersten Pariser Tagebuch *Strahlungen* zu halten? Am 7. Dezember 1941 notiert er im Zusammenhang seines Besuchs im Deutschen Institut zu Céline: »Er sprach sein Befremden, sein Erstaunen darüber aus, daß wir Soldaten die Juden nicht erschießen, aufhängen, ausrotten – sein Erstaunen darüber, daß jemand, dem die Bajonette zur Verfügung stehen, nicht unbeschränkten Gebrauch von ihnen macht. ›Wenn die Bolschewiken in Paris wären, sie würden Ihnen das vormachen, Ihnen zeigen, wie man Quartier für Quartier und Haus für Haus die Einwohnerschaft durchkämmt. Wenn ich die Bajonette hätte, ich würde wissen, was ich zu tun hätte.‹« War Céline, wie Jünger vermutet, manisch? Sprach aus ihm der Nihilismus, der die Menschen zu »eisernen Maschinen (macht), die ihren Weg verfolgen, bis man sie zerbricht«? Oder ließ sich Céline hier, wie seine Verteidiger anführen, abermals von seinem Hang zu Überspitzung und Provokation mitreißen, weil er den preußisch zugeknöpften, feinen Jünger nicht ausstehen konnte? Allein, hätten ihm die lustbesetzten Übertreibungen nicht angesichts der realen Not der Juden im Halse steckenbleiben müssen?

Weder die Anklagen, die der französische Staat nach dem Krieg gegen den »Landesverräter« erhob, noch die Prozesse haben Licht in Célines Verhältnis zum Nationalsozialismus und dessen Ideologie bringen können. Seine Verteidigungsschrift, die er in Frankreich zirkulieren ließ, war mehr als dürftig; aber es war und ist eben nicht nachzuweisen, daß er mit seinen Büchern germanophile und frankophobe Propaganda betrieb oder gar Menschen an die Gestapo verriet. (Die Beschreibung der Besatzer im dritten Pamphlet *Les beaux draps* (*Die schönen Leichentücher*) von 1941 jedenfalls war weniger ein Lob der Deutschen als eine masochistische Ohrfeige für das schmählich unterlegene Frankreich.) Als falsch stellte sich auch die Beschuldigung heraus, Céline habe sich bei den Deutschen um die neugeschaffene Stelle eines »Commissaire aux Questions Juives« beworben. Gänzlich abwegig war Sartres Insinuation, der Pamphletist Céline sei von den Nazis gekauft gewesen. Denn Céline war nicht einmal ein »collabo«. Er hatte Kontakte zu den deutschen Machthabern, gewiß, aber er nutzte sie anscheinend nur, um Papier für den Nachdruck seiner Bücher oder Passierscheine für Reisen, vor allem für seine Flucht, zu bekommen. Besatzer wie Besetzte bescheinigten ihm im übrigen nachträglich eine große Unabhängigkeit: Er habe aus seiner Antipathie für die Deutschen keinen Hehl gemacht.

Im Gegensatz zu anderen Schriftstellern der Kollaboration – wie Pierre Drieu la Rochelle, der sich 1945 das Leben nahm, Robert Brasillach, der hingerichtet wurde, oder Célines Freund Marcel Aymé, der sich seine Mitarbeit bei Kollaborationszeitschriften nie verzieh, – hat sich Céline der Verantwortung moralisch wie juristisch entzogen. Daß ihn die Dänen 1946 nicht auslieferten, lag allein daran, daß kein Präzedenzfall vorlag; und daß er in Frankreich 1951 freigesprochen wurde, verdankte er einem geschickten Winkelzug seines Advokaten, der den Antrag auf den unbelasteten Namen Destouches bei dem nun zuständigen Militärgericht eingereicht hatte. Seine Strafe freilich hat er zu Lebzeiten verbüßt: Aus Dänemark kehrte er als gebrochener Mann heim, im eigenen Land blieb er angefeindet, wegen seiner rüden Attacken gegen Freund wie Feind war er verhaßt. Unbelehrbar beteuerte er indes bis zum Schluß seine Unschuld und versicherte, er habe die antisemitischen Pamphlete in rein pazifistischer Absicht geschrieben. Vor allem aber weigerte er sich, in irgendeiner Form seine Scham, sein Entsetzen zu äußern über das, was den Juden angetan wurde. Das macht den Umgang mit ihm und seinem Œuvre so schwer.

Die provokante Rätselhaftigkeit Célines ist wohl auch der Grund für das ungeheure Bedürfnis nach persönlichen Zeugnissen. Mehr noch als seine zahlreichen Briefe, die je nach Adressat sehr unterschiedlich ausfallen, sind es die Erinnerungen seiner Freunde und Bekannten, die seit den fünfziger Jahren eifrig gesammelt und rezipiert werden. Namentlich von den Lebensgefährtinnen erwartete man sich Aufschluß: weniger von seiner ersten französischen Ehefrau, Edith Follet, als von den beiden Tänzerinnen, die nicht nur den Arzt Destouches, sondern auch den Schriftsteller Céline kannten. Beide konnten jedoch erst im hohen Alter zum Sprechen gebracht werden: die Amerikanerin Elizabeth Craig – die Lebensgefährtin zwischen 1926 und 1934, der *Voyage au bout de la nuit* gewidmet ist, – 1988, also über fünfzig Jahre nach ihrer letzten Begegnung mit Céline, und

Lucette Destouches vierzig Jahre nach dessen Tod. Beide Zeugnisse gingen aus Gesprächen hervor, da die ehemaligen Tänzerinnen selbst wohl nie zur Feder gegriffen hätten, aber vielleicht auch, weil allein die gesprochene, lebendig offene Sprache diesem Mann gerecht werden kann. Etwas Ähnliches muß jedenfalls die Filmschauspielerin Arletty empfunden haben, denn sie fügte ihren Memoiren *La Défense* die Erinnerungen an Céline in Form eines Interviews an.

Lucette äußert sich über die Zeugnisse der anderen, insbesondere natürlich über die der Frauen, eher abfällig. Sie alle hätten Céline nicht wirklich gekannt. Ihrer stets ein wenig beneideten und zunächst auch gefürchteten Vorgängerin Elizabeth Craig tut Lucette damit allerdings unrecht. Auf ihre Art hat auch die Amerikanerin den jungen Céline erkannt; ihre Erinnerungen sind nicht nur ebenso wertvoll, für uns fügen sie sich obendrein mit denen Lucettes zu spannender Einheit. Denn nebeneinandergehalten vermitteln sie einen ziemlich ähnlichen Eindruck von der Rolle der Frau und des Tanzes in Célines Leben, von seiner Vorliebe für beruflich selbständige Künstlerinnen, für erstaunlich unsentimentale Frauen, die hart im Nehmen waren, ohne je aufzubegehren. Vor allem aber lassen die Berichte zusammengenommen die leidvolle Entwicklung vom umstrittenen, aber gefeierten jungen Romancier zum »Monstrum Céline« ahnen.

Im Vergleich zu Lucettes *Céline secret* wirken Elizabeth Craigs Erinnerungen sehr viel distanzierter und zeichnen von dem einstigen Lebensgefährten ein eindeutigeres Bild. Das hängt nicht nur mit der kürzeren Dauer der Beziehung zusammen, vielmehr hatte Craig das Glück, nur den Arzt Destouches und nur die Anfänge des Schriftstellers erlebt zu haben; die fragwürdigen Seiten der Paranoia deuteten sich allenfalls an. Zudem hatte sie sein späteres Schicksal lediglich aus der Ferne verfolgt, wußte wenig über das, was ihm vorgehalten wurde. Und als sie es erfuhr, konnte sie es mit ihrem Bild von ihm nicht in Einklang bringen. Einen antisemitischen Ferdinand etwa vermochte sie sich nicht vorzustellen, allerdings räumt sie später ein, sie habe gefürchtet, Céline könne wegen seiner fixen Idee einer Erneuerung Frankreichs den Nazis auf den Leim gehen. Auf die Frage nach Célines Kollaboration mit den deutschen Besatzern hielt Craig höchstens eine Tätigkeit als Doppelagent für denkbar.

Anders als in *Céline secret* zieht sich durch Craigs Erinnerungen wie ein Leitmotiv die verwirrende Gespaltenheit Célines. So erinnert sie sich daran, wie er, Destouches, mal sehr gut, fast schön aussehen konnte, mal abstoßend häßlich – ein Eindruck übrigens, der sich an den überlieferten Photos nachvollziehen läßt. Oder sie gedenkt seiner schwarzen Weltsicht, seines Drangs, das Grauen auszuloten, dem sie ihren Optimismus als Amerikanerin und – für Céline wohl überzeugender – die jugendliche Schönheit ihres Körpers entgegenzusetzen suchte. Nicht so bescheiden wie Lucette, die ihren Ehemann nur »weniger unglücklich« zu machen hoffte, hatte Craig ihre Aufgabe darin gesehen, die Depressionen zu bekämpfen. Aus der Distanz stellt es sich ihr so dar, als habe Céline die Arbeit an *Voyage au bout de la nuit* immer tiefer hinabgezogen und psychisch verändert – nach der Arbeit soll er beispielsweise noch stundenlang wie in Trance fabuliert und so vulgär wie seine Figuren geredet haben. Es habe viel Mühe gekostet, ihn innerlich wieder ins Lot zu bringen. Bei Lucette hingegen ist es umgekehrt das Schreiben, das Céline nach den gewollten wie ungewollten Exzessen des Lebens innerlich wieder ausglich. Auf sie wirkt Céline wie ein Monolith.

Ihre Ablehnung der Erinnerungen Elizabeth Craigs begründet Lucette damit, daß die Amerikanerin Célines Romane nicht einmal gelesen habe und ihr das Eigentliche somit entgangen sei. Dem ließe sich hinzufügen, daß Craig nur eines rudimentären Französisch mächtig war und sich mit Céline auf englisch unterhielt. Wie sie selbst zugibt, hat sie den Witz in seinen französischen Geschichten nie recht verstanden. Das hat bei ihr sicher eine tiefere Kenntnis des Phänomens Céline verhindert; für sie selbst hatte die Sprachbarriere aber wohl den Vorzug, daß sie vor der ansteckenden Kraft des Stils Célines gefeit blieb – der Lucette dagegen, wie so viele andere, allmählich verfiel – und sich ihre innere Freiheit bewahrte. Denn auch wenn Lucette keineswegs überschwenglich über Céline spricht, der innere Abstand fehlt ihr doch. Anders formuliert: Lucette erweist sich in einem ganz elementaren Sinne als Célines »Frau«, als sein ihn spiegelndes und zugleich haltendes Geschöpf.

André Malraux hat von Lucette Destouches einmal gesagt, sie besitze wie niemand sonst eine intuitive Kenntnis Célines. Was er aber wohl nicht ahnte, ist, wohin ihr Gespür Lucette schließlich brachte: Sie wurde selbst zur célinesken Figur. Eindrücklich läßt sich das an Photos von ihr verfolgen, die erst ein sehr anziehendes glamouröses, zuletzt ein geradezu unansehnliches krankhaftes Äußeres zeigen. Oder auch an ihrem Stil: Die Briefe etwa, die Lucette in den vierziger Jahren schrieb, sind noch schlicht und herzlich gefaßt. Ihre Erinnerungen hingegen stehen ganz unter dem Einfluß des Stils und der Weltsicht ihres Mannes. Wie es zu dieser Metamorphose kam, darüber läßt sich nur spekulieren: Waren es die schrecklichen Jahre in Dänemark oder war es eher die Tatsache, daß sie an der Entstehung der letzten Romane teilhatte? Denn Lucette hörte zu, wenn Céline an den Sätzen feilte, bis sie jenen »jazzigen« Dreh annahmen und wie gesprochen wirkten. Ließ sich die Tänzerin also von seinem Stil wie von einer Musik durchdringen und formen?

Mehr noch verblüfft bei der Lektüre, wie célinesk Lucette ihr eigenes Leben wahrnimmt. Wenn sie etwa die geheimnisvollen Beziehungen zwischen ihrer Familie und der der Destouches vor ihrer Begegnung mit Céline beschwört, so ist das bar jeder Romantik, für die Lucette doch anfangs so empfänglich war; es erinnert eher an eine jener Schicksalsfügungen ihres Mannes, bei denen es kein Entkommen gibt, der Mensch stets den kürzeren zieht und sich der Methodik des Wahnsinns überantwortet. Célinesk sind auch ihre knappen, vernichtenden Kommentare über die Welt, die Mitmenschen und vieles andere mehr. Die Übereinstimmung mit Célines Phantasien ist manchmal so stark, daß man sich schon mißtrauisch fragt, ob es die Tante wirklich gegeben hat, die der kleinen Lucette angesichts ihres zukünftigen Schicksals den frühzeitigen Tod wünschte, oder ob sie nicht eher den Nachtwelten Célines entsprungen ist. So klafft denn ein Abgrund zwischen dem Ton der Sich-Erinnernden und jener lebenslustigen Lucette, die noch 1944 als reizvolle Verkörperung von »La Parisienne« in luftig dekolletierter Bluse in Baden-Baden Aufsehen erregte; zwischen dem Selbstverständnis als »Dienerin« ihres Mannes und einer hohen Selbständigkeit erst als Tänzerin, später als erfolgreiche und innovative Tanzlehrerin. Ihre Erinnerungen enthalten wenig neue Fakten, sie gewähren jedoch einen Einblick in ein Phänomen, das man in diesem Fall die Célinisierung eines Menschen nennen könnte. Das macht *Céline secret* zu einem einzigartigen Dokument.

Von Lucette Destouches einen nüchtern sachlichen Blick auf die problematischen Jahre der Okkupation, der Flucht, auf die Hintergründe von Célines juristischer Verfolgung und öffentlicher Tabuisierung zu erwarten, wäre illusorisch. In verkürzter Form bringt sie vielmehr das vor, was Céline selbst gesagt oder in seinem »genre fantastique« dramatisiert hat, und spinnt damit an der Verquickung von Wahrheit und Legende in seinem Leben weiter. Ihre Warnung vor der Niederschrift der Pamphlete etwa – »Du wirfst dir selbst einen Pflasterstein an den Kopf« –, auf die sie so große Stücke hält, wirkt wie eine Reminiszenz aus den selbstkritischen Reflexionen in *Bagatelles pour un massacre.* Von Céline stammt vermutlich auch Lucettes Hinweis, Jean-Paul Sartre habe ihn einst gebeten, sich bei den deutschen Besatzern für eines seiner Theaterstücke einzusetzen, er aber habe abgelehnt. So bezeichnend die Episode für die – nach dem Krieg verleugnete – breite Kollaboration der französischen Kulturszene ist, sie wirkt nicht recht überzeugend, da sich Sartre wohl kaum von einem Mann wie Céline Hilfe erwartet haben kann.

Eine merkwürdige Wiederaufnahme erfährt in Lucettes Erinnerungen zudem das, was Céline in seinen letzten Romanen über die Monate im besetzten Paris erzählt, als ihm Särge zugestellt wurden, über die Flucht durch das »brennende Deutschland« 1944/45, über die sechs harten Jahre in Dänemark und über die ständige Angst vor der Auslieferung nach Frankreich. Denn zu Célines phantastischen Übersteigerungen verhält sich Lucettes Bericht nicht etwa wie ein Dokument, sondern wie eine aufs Äußerste verknappte zweite Version. Die Phantasmagorien zerbombter, brennender Stadtlandschaften, die in den Romanen eindrucksvoll auf vielen hundert Seiten ausgebreitet werden, selbst die Flucht über die Dächer von Kopenhagen, die sich Céline nach dem Vorbild französischer Kriminalromane ausdachte, sie alle tauchen bei Lucette als Realität wieder auf, zu nüchtern wirkenden Andeutungen von letztlich Unsagbarem zusammengeschrumpft. Lucette berichtet weniger, als daß sie Bilder aneinanderreiht, in denen sich die angstvolle Not und Einsamkeit gejagter und vom Schicksal überforderter Menschen bekundet – eine Not überdies, für die niemand Verständnis oder gar Mitleid hatte und die nur als schwarze Gegenstimme zur sogenannten Geschichte existiert, die die Sieger schrieben.

Das reale Substrat, die siebenjährige Odyssee des Ehepaars Destouches, wird interessanterweise bei Lucette kaum sichtbar. Ihre Erinnerungen sind zu verkürzt, zu sprunghaft, als daß die Gründe und der Verlauf der komplizierten Flucht erkennbar werden könnten: Daß sie dank der Passierscheine, die die deutschen Behörden Destouches und seiner Frau gleich nach der Landung der alliierten Truppen in der Normandie ausstellten, zu den ersten, aus Furcht vor Vergeltung und politischer Abrechnung fliehenden Franzosen gehörten, die am 17. Juni 1944 Baden-Baden erreichten und im Brenner's Park-Hotel fürstlich untergebracht und versorgt wurden; oder daß sie Anfang Juli nach Berlin weiterreisten, wo Céline im Außenministerium wegen einer Ausreisegenehmigung nach Dänemark vorsprach, aber nach Baden-Baden zurückverwiesen wurde. Aus Lucettes Worten wird auch nicht recht klar, daß ihren Mann keineswegs die Liebe zum Meer in den rauhen Norden zog, sondern allein das Gold, in das er 1937/38 aus Sorge um eine weitere Entwertung des Francs sein Geld umgetauscht und das er zum Teil in Kopenhagen deponiert hatte. Die befreundete Tänzerin Karen Jensen rettete es später vor der Konfiszierung durch die Deutschen und vergrub es in ihrem Garten. Im Kopf der alten Madame Céline erhielt sich offenbar allein das Bild eines grundlosen, entsetzlichen Hin- und Hergeworfenseins inmitten einer surrealen Welt orgiastischer Zerstörungslust. Bezeichnenderweise bringt sie jene deutschen Offiziere, die feiern und danach hingerichtet werden, auch nicht mit dem 20. Juli 1944 in Zusammenhang, sondern schildert das Gesehene wie ihr Mann nur als weiteres Beispiel für den grausamen Irrwitz jener Zeit.

Es hat ganz den Anschein, als habe sich Célines künstlerische Gestaltung der Flucht den anderen Beteiligten unabweisbar aufgedrängt. Sein Freund Robert Le Vigan etwa, ein Schauspieler, der mehr in Rollen als in sich selbst lebte und im August 1944 ebenfalls in Baden-Baden eintraf, verzichtete aus diesem Grund auf eigene Aussagen: zu jener Reise, die er Ende August gemeinsam mit den Destouches und ihrem legendären Kater Bébert nach Berlin unternahm, weil Céline dort auf die Hilfe Dr. Hauboldts hoffte, des Vorsitzenden der deutschen Ärztekammer; zu jenen gespenstischen Wochen im mecklenburg-vorpommerschen Kränzlin, wo sie zusammen mit polnischen Zwangsarbeitern und Kriegsverweigerern unter armseligen Bedingungen lebten und von der deutschen Bevölkerung, die in ihnen Verräter vermutete, sogar tätlich angegriffen wurden; oder zur

Fahrt nach Sigmaringen, dem letzten Sitz des Vichy-Frankreichs, Ende Oktober 1944, nachdem Céline dort eine Arbeitserlaubnis als Arzt erhalten hatte. Wie Le Vigan schwieg sich auch Lucette zunächst über ihre Erlebnisse aus. Als sie viel später zu erzählen begann, hatte sich die Phantasmagorie ihres Mannes über ihre eigenen Erlebnisse gelegt und sie ausgelöscht. Entsprechend dauert bei ihr zum Beispiel die Fahrt nach Kopenhagen, zu der das Ehepaar am 22. März 1945 überraschend die Erlaubnis erhielt, viel länger, als sie in Wirklichkeit war. Noch aufschlußreicher ist vielleicht, daß Lucette ihrem eigenen Befinden in den Monaten zwischen Célines Verhaftung am 17. Dezember 1945 und seiner Freilassung am 24. Juni 1947 fast weniger Beachtung schenkt als dem ihres Mannes. Sie deutet bescheiden ihr psychisches und physisches Leid an, aber sie nützt die Gelegenheit nicht, sich selbst oder diesen Ausschnitt ihres Lebens für sich darzustellen.

Céline secret ist das Buch einer Frau, die Célines Genialität, wie es der Céline-Biograph und Freund Lucettes, François Gibault, einmal formulierte, so sehr ehrte, daß sie ihm ergeben in seine Träume folgte, ihn in alle seine Visionen, Alpträume und Phantasmen begleitete, ohne je den leisesten Druck auf ihn auszuüben oder gar sich zu beklagen. Der Preis, den sie für ihre Liebe zahlte, war hoch. Schon in jungen Jahren war sie körperlich und seelisch schwer gezeichnet. An Célines Seite sollte auch für sie der Tanz zum unverzichtbaren Gegengewicht gegen all das Horrible werden, auf das sie anfangs nur in seinen Gespinsten stieß, das wenig später aber ihre gesamte Existenz, ihre eigene Welt überwucherte. Während Céline sein Schicksal indes mit Hilfe der Literatur aufarbeitete und zum

Kunstwerk erhob, zog sich seine Frau in die Scheinwelt des Tanzes zurück. Sie wurde zur zweifachen Kunstfigur: als Tänzerin und als Lili, wie sie in den letzten Romanen ihres Mannes heißt, mit der sie sich inzwischen offenbar gänzlich identifiziert.

Wenn Céline ihre Erinnerungen lesen könnte, hätte er wohl seine frühere Widmung: »Für Lucette Almanzor an der Schwelle zum Leben noch so geheimnisvoll« umformuliert in »Für Lucette Destouches jenseits der Schwelle zum Leben eine Literatur gewordene Gestalt«.

München, im Dezember 2002

Franziska Meier, geboren 1964, lebt in München. Privatdozentin für französische und italienische Literaturwissenschaft an der Universität Passau mit dem Schwerpunkt Literatur im Faschismus.

Zahlreiche Veröffentlichungen, darunter: »Emanzipation als Herausforderung. Rechtsrevolutionäre Schriftsteller zwischen Androgynie und Bisexualität«, Böhlau 1998 und »Mythos der Erneuerung. Italienische Prosa in Faschismus und Resistenza«, Wallstein 2002.

Franziska Meier publiziert regelmäßig im Feuilleton der *Süddeutschen Zeitung* und der *Frankfurter Rundschau*.

PIPER

Halina Poświatowska

Immer wenn ich leben will

Gedichte über die Liebe und den Tod. Aus dem Polnischen von Monika Cagliesi-Zenkteler. 125 Seiten. Gebunden

1957 versetzt eine junge Frau, die seit ihrer Kindheit im Zweiten Weltkrieg unheilbar herzkrank ist, die polnische Literaturszene in Aufruhr: Halina Poświatowska legt ihren ersten Lyrikband vor. Als sie 1967 erst zweiunddreißigjährig stirbt, bewahren ein autobiographischer Roman und mehrere hundert Gedichte diese faszinierende Stimme. Ungewöhnlich frei spricht sie von der Liebe, von Sehnsucht und Schmerzen, dem Bedürfnis nach körperlicher Nähe und der Angst vor dem Verlassenwerden. Im Wettlauf mit der Zeit und allen Warnungen der Ärzte zum Trotz hat sich Halina Poświatowska ihre Träume erfüllt, ist gereist und zum Studium nach Amerika gegangen, hat geflirtet, intensiv geliebt und ihr Herz immer wieder auf die Bewährungsprobe gestellt … Schon Poświatowskas »Erzählung für einen Freund« war ein bewegendes Dokument voller Mut, Klarheit und Leidenschaft. 35 Jahre nach ihrem frühen Tod erscheint zum erstenmal eine Auswahl ihrer schönsten Gedichte auf deutsch.

01/1257/01/L